# Jobs to Be Done

Metodología JTBD:
piensa en soluciones,
no en problemas

Madrid, 2025

Francisco Torreblanca Díaz

# Jobs to Be Done

## Metodología JTBD: piensa en soluciones, no en problemas

Prólogo de Juan Esteban Jaramillo

Septiembre, 2025

*Jobs to Be Done: Metodología JTBD: piensa en soluciones, no en problemas*
Francisco Torreblanca Díaz

© 2025, ESIC EDITORIAL
Avda. de Valdenigriales, s/n
28223 Pozuelo de Alarcón (Madrid)
Tel.: 91 452 41 00
www.esic.edu/editorial
@EsicEditorial

ISBN: 978-84-1192-192-3
Depósito Legal: M-16561-2025

Diseño de cubierta: Zita Moreno Puig
Maquetación: Santiago Díez Escribano
Lectura: Balloon Comunicación
Impresión: Gráficas Dehon

Una publicación de

Impreso en España – *Printed in Spain*

*Este libro ha sido impreso con tinta ecológica y papel sostenible.*

A Salva Ramírez,
contigo empezó todo.

A Paco Montilla,
contigo se reinventó todo.

# Índice

# Prólogo de Juan Esteban Jaramillo

Vivimos una época marcada por transformaciones profundas y vertiginosas. La aceleración tecnológica, el comportamiento cambiante de los consumidores, la digitalización de los procesos y la automatización de la toma de decisiones han puesto a prueba la capacidad de adaptación de las organizaciones.

En este contexto, hay una función que, lejos de volverse obsoleta, ha adquirido un rol aún más decisivo: el marketing. El marketing contemporáneo no trata solamente de comunicar atributos de un producto o servicio. Su valor estratégico reside en conectar profundamente con las necesidades reales de las personas, interpretar señales del mercado con sensibilidad humana y construir propuestas de valor que sean significativas.

En un entorno dominado por inteligencia artificial, *big data* y plataformas omnicanal, el marketing es el puente entre lo tecnológico y lo humano. Es, como me gusta decirlo, el arte de darle propósito a la innovación. En este sentido, el subtítulo de este libro —*Piensa en soluciones, no en problemas*— no podría ser más acertado. Adoptar esta mentalidad no es simplemente una actitud optimista; es una filosofía de gestión y una estrategia de supervivencia.

Las organizaciones que centran su energía en identificar fallos o barreras sin actuar tienden a quedarse atrás. En cambio, aquellas que se enfocan en la resolución proactiva de necesidades son las que logran avanzar, crear impacto y construir relaciones de largo plazo con sus clientes.

Esa es precisamente la esencia del enfoque Jobs to Be Done (JTBD), que el lector encontrará desarrollado con profundidad a lo largo de este libro. Lejos de partir de la oferta o del producto, JTBD comienza con una pregunta poderosa: ¿Qué quiere realmente lograr nuestro cliente? No se trata de mejorar lo que ya vendemos, sino de comprender las verdaderas «tareas» que el cliente está tratando de completar en su vida cotidiana, y cómo podemos acompañarlo para hacerle el camino más fácil, más eficiente y más satisfactorio.

Este cambio de perspectiva —de producto a propósito— transforma radicalmente la forma en que diseñamos experiencias, innovamos, vendemos y nos organizamos. Cuando entendemos que los consumidores no compran taladros, sino agujeros en la pared (y a menudo, ni siquiera eso, sino la posibilidad de colgar un cuadro que les recuerde un momento feliz), dejamos de obsesionarnos con características técnicas para enfocarnos en soluciones humanas.

Este libro propone una nueva forma de pensar, pero también una nueva forma de actuar. Requiere escuchar con mayor atención, observar con más empatía y tomar decisiones con un enfoque claro en el valor que realmente percibe y experimenta el cliente. A quienes lideramos organizaciones, este enfoque nos obliga a reformular nuestras preguntas estratégicas, redefinir nuestras prioridades y reenfocar nuestras capacidades.

Como bien lo expresó Micha Kaufman, fundador de Fiverr: «Lo que antes eran tareas fáciles ya no existirán. Las tareas difíciles serán las nuevas básicas. Y lo que hoy parece imposible será el nuevo estándar». Esta afirmación refleja una verdad ineludible: el listón de lo que se espera de los profesionales, los equipos y las empresas está subiendo a una velocidad sin precedentes. En este entorno, no basta con adaptarse. Hay que volverse excelente. Solo quienes profundicen en su oficio, comprendan con agudeza al cliente y se conviertan en referentes de su sector lograrán mantenerse relevantes.

Esa búsqueda de relevancia es tanto técnica como estratégica. La capacidad de innovar con intención, de diseñar soluciones que realmente importan y de responder con agilidad a los cambios del entorno se convierte en un factor crítico de supervivencia. Porque —y aquí la advertencia es clara— el mayor riesgo no está en equivocarse, está en quedarse quieto.

Como bien lo recuerda Tobias Lütke, CEO de Shopify: «El estancamiento es un fracaso lento». Ahora, la velocidad del cambio es la única constante. Por tanto, pensar con claridad, resolver con intención y construir con visión es una necesidad urgente. Mi invitación, al lector que abre estas páginas, es sencilla: no se quede en la superficie de los conceptos. Sumérjase, cuestione, discútalo con su equipo, llévelo a la práctica. Este libro, además de ayudarle a entender mejor a sus clientes, le hará repensar el valor real de su marca, su propuesta y su propósito.

JUAN ESTEBAN JARAMILLO
Presidente de ESIC Medellín
Medellín, junio de 2025

# Introducción

Diferenciarse es el reto. Mantener esa diferencia o volver a crearla es el reto del reto. La competitividad es extrema. Hoy, si te paras, te quedas fuera. Por ello, para una marca la capacidad interpretar las señales del contexto, adaptarse y saber evolucionar es imprescindible para la supervivencia y el éxito. Las necesidades, que en ocasiones pueden convertirse en deseos de los clientes, definen las pautas a seguir.

Aquí es donde entra en juego el concepto de «Jobs to Be Done» (JTBD). Esta metodología construye una cultura que transforma el enfoque de las empresas a la hora de desarrollar productos y servicios.

En lugar de centrarse en los problemas, JTBD nos invita a pensar en las soluciones que los clientes realmente buscan. Para ello, este método plantea respuestas disruptivas a estas cuestiones estratégicas: ¿Qué trabajos necesitan realizar? ¿Qué resultados desean alcanzar? ¿Qué barreras se encuentran en el camino? De este modo, la oferta diseñada es provocadora y sugerente, alineándose a las expectativas.

Este libro es una guía para comprender y aplicar el enfoque JTBD en cualquier tipo de organización. A través de sus páginas, descubrirás cómo identificar los trabajos que los clientes necesitan realizar, cómo diseñar soluciones que se alineen perfectamente con esos trabajos y cómo implementar estrategias que impulsen el crecimiento y la innovación.

El concepto de JTBD fue popularizado por Clayton Christensen, profesor de la Escuela de Negocios de Harvard, y su equipo de trabajo. Christensen argumenta que las personas no compran productos o servicios: compran soluciones para realizar trabajos específicos. Esta perspectiva cambia radicalmente la forma de plantear la oferta. En lugar de centrarse en las características y beneficios de un producto, hay que hacerlo en los trabajos que los clientes están tratando de realizar.

En el ámbito empresarial, es fácil quedar atrapado en la identificación y resolución de problemas. Sin embargo, esta mentalidad puede limitar nuestra capacidad para innovar y satisfacer las necesidades de los clientes. Por tanto, si nos centrarnos en los trabajos que los clientes necesitan realizar, podemos diseñar soluciones que realmente aporten valor y generen ventajas competitivas.

Sin lugar a dudas, el enfoque JTBD es una herramienta productiva que muta las soluciones y mejora la vida de los clientes. Si no lo has implantado, este es un buen momento para cambiar de perspectiva y transformar tu marca. Al pensar en soluciones en lugar de problemas, se juega en otra liga.

# Capítulo 1

# Introducción al concepto Jobs to Be Done

El concepto Jobs to Be Done (JTBD) nos ofrece una mirada interesante y profunda sobre la naturaleza de las decisiones de compra de los consumidores. Pongamos en escena todas las variables críticas que nos encontramos en nuestro contexto habitual: competencia implacable, oferta aparentemente interminable, incertidumbre constante, movimientos rápidos e impredecibles...

Ante este complejo escenario, es necesario entender que un cliente nunca adquiere un producto simplemente por poseerlo. Lo que verdaderamente busca es satisfacer un trabajo o *job* específico que le ayude a cumplir una necesidad particular. Cada compra es, por tanto, un intento de resolver un problema o de mejorar su situación en un ámbito determinado.

Imaginemos a una persona aficionada al cine que decide adquirir un proyector. A primera vista, podría parecer que su objetivo es simplemente tener un dispositivo que le permita ver películas en casa. Sin embargo, un análisis más profundo revela que lo que realmente busca es crear una experiencia envolvente que le permita disfrutar de momentos especiales con amigos y familiares. Pasamos de la necesidad al deseo. Un deseo, sí, porque todo va más allá de la funcionalidad del proyector. Se trata de ser protagonista gracias a saber generar un ambiente de entretenimiento y conexión emocional, donde cada película se convierte en una oportunidad para compartir risas, emociones y recuerdos. Así, lo que inicialmente parece un producto técnico se transforma en un facilitador de experiencias significativas.

De este modo, el enfoque Jobs to Be Done nos invita a descubrir las verdaderas motivaciones existentes tras las decisiones del consumidor, a ir más allá de lo superficial y a introducirnos en el mundo de las necesidades humanas que pueden acabar siendo deseos. Como podemos interpretar, la curiosidad juega un rol fundamental.

El origen del concepto JTBD se remonta a un grupo de académicos y profesionales que se propusieron investigar el flujo del desarrollo de productos en su momento. Originalmente, el enfoque en el desarrollo de productos se centraba casi exclusivamente en la innovación tecnológica, en la creación de soluciones que, aunque originales, a menudo perdían de vista la perspectiva del consumidor.

En su búsqueda, estos pioneros descubrieron que, aunque las tecnologías disponibles permitían abordar ciertos problemas, la clave del éxito iba más allá de la funcionalidad. En realidad, la clave se encuentra en la capacidad de satisfacer las necesidades reales de las personas.

En este sentido, el modelo JTBD se convierte en una guía imprescindible para las marcas hacia el entendimiento de los trabajos que sus clientes intentan realizar. Al trabajar este enfoque, las organizaciones pueden identificar qué trabajos se están llevando a cabo y cómo los consumidores han intentado cumplirlos en el pasado. También, qué frustraciones han experimentado con soluciones previas y qué alternativas han considerado. Esta comprensión profunda permite diseñar productos o servicios que realmente resuelvan problemas. Como reza el lema del libro, «piensa en soluciones, no en problemas».

Un elemento fundamental de la teoría JTBD es la segmentación del mercado en función de los trabajos que los clientes intentan realizar. Un punto de partida que, sin duda, transforma la manera en que una empresa entiende y se relaciona con su mercado. El público objetivo se convierte así en un grupo de personas unidas por una necesidad o deseo común: la búsqueda de soluciones efectivas para sus trabajos.

A medida que la teoría Jobs to Be Done gana terreno, es interesantísimo observar cómo su implementación transforma los procesos internos de las organizaciones. Por ejemplo, departamentos que antes trabajaban de manera aislada, como marketing, producción, y desarrollo de productos, comienzan a colaborar en un entorno más cohesionado donde el enfoque está en cómo sus iniciativas pueden alinearse con los trabajos que los consumidores están intentando completar. Este planteamiento, sin duda, mejora la comunicación interna. Además, fomenta una cultura más centrada en el cliente (ya sabemos de la importancia del concepto *customer centric*).

Cuando un producto o servicio no recibe el *feedback* esperado, es fácil caer en la tentación de atribuir el fracaso a factores externos o a una mala estrategia de marketing. Sin embargo, el enfoque JTBD nos propone revisar a conciencia esta situación. La falta de aceptación puede ser una indicación de que el producto o servicio no satisface adecuadamente el trabajo que el consumidor necesita realizar. Este descubrimiento puede llevar a una reevaluación de las estrategias de desarrollo y marketing, permitiendo a una marca crear soluciones más precisas y efectivas que respondan a las verdaderas necesidades del mercado.

La metodología JTBD también se extiende más allá del desarrollo de productos físicos. Este concepto es igualmente aplicable a servicios y experiencias. Por ejemplo, un estudiante que busca un curso *online* especializado en una materia concreta lógicamente querrá adquirir conocimientos. Pero, a la vez, también está intentando mejorar su empleabilidad o desarrollar habilidades que le permitan avanzar en su carrera profesional. Por tanto, el curso *online* se convierte en un medio a través del que el estudiante intenta realizar un trabajo específico.

Además, el enfoque JTBD puede servir como guía para la innovación y el desarrollo de nuevas soluciones. Si somos capaces de identificar trabajos no satisfechos en el mercado, es muy probable que podamos crear productos o servicios que realmente atiendan esos huecos. Esto genera un beneficio directo a los consumidores al proporcionarles soluciones más efectivas y permite a una empresa destacar en un mercado saturado, posicionándose como líder en la satisfacción de necesidades o deseos específicos.

Por todo ello, el concepto Jobs to Be Done desafía las suposiciones tradicionales sobre el desarrollo y la comercialización de productos y servicios. Es más, proporciona un marco muy productivo para la innovación centrada en el cliente. Al poner el foco en los trabajos que los consumidores intentan completar, las marcas pueden crear productos más significativos y relevantes que realmente resuelvan problemas y mejoren la vida de sus clientes. Este cambio de perspectiva es fundamental en un entorno empresarial exageradamente evolutivo como el actual, donde la satisfacción del cliente y la adaptación a sus preferencias son claves para el éxito.

## Referencias bibliográficas

KALBACH, J. (2024). *The Jobs to Be Done Playbook: Align your markets, organization & strategy around customer needs.* Blackstone Publishing.

ROBINSON, S. & ROBINSON, M. (2024). *Designing Customer Experiences with Soul: How to Build Products, Services and Brands that People Genuinely Love.* Holonomics Publishing.

REHFELD, M. (2018). *The Jobs to Be Done Framework: A Guide to Customer-Centric Product Development.* Product Coalition.

CHRISTENSEN, C. M., HALL, T., DILLON, K. & DUNCAN, D. S. (2016). Know Your Customers' «Jobs to Be Done». *Harvard Business Review.*

RANJAN, J. (2016). *Customer Engagement: Contemporary Issues and Research Directions.* Springer.

## Dinámica de autocomprobación

### ¿He entendido el enfoque Jobs to Be Done?

Te invito a responder estas tres preguntas para asegurarte de que has interiorizado los conceptos esenciales del capítulo:

1. **¿Cuál es la diferencia entre una compra basada en el producto y una compra basada en un Job to Be Done?**

   Escribe con tus propias palabras un ejemplo que no haya sido mencionado en este capítulo.

2. **¿Qué estabas realmente intentando conseguir o mejorar en tu vida al realizar esa compra?**

   Describe cuál era el objetivo o el problema que querías resolver más allá del producto en sí.

3. **¿Podrías explicar a alguien qué es el enfoque JTBD en menos de 30 segundos?**

   Redacta tu propia versión de esta explicación como si se la contaras a un amigo.

# Capítulo 2

# La importancia de centrarse en soluciones

Introducirse de lleno en la exploración del concepto Jobs to Be Done (JTBD) es fascinante. Para ello, es absolutamente impres- cindible destacar la importancia de centrar nuestros esfuerzos en soluciones efectivas. Quédate con esta declaración de intencio- nes: soluciones efectivas. Este enfoque expone un cambio de para- digma que puede transformar la forma en que las organizaciones abordan el desarrollo de productos y servicios. La clave está en la comprensión. Partimos de la premisa de que los consumidores bus- can más allá. Buscan soluciones que resuelvan sus problemas y les ayuden a lograr sus objetivos.

Esto implica saber ajustar las características de un producto existente gracias a profundizar en el contexto de uso y en las expec- tativas del cliente. Por ejemplo, podemos desarrollar un producto tecnológico con más funciones o podemos preguntarnos: ¿cómo puede este dispositivo ayudar a los usuarios a comunicarse mejor, a organizar su vida o a disfrutar de su tiempo libre de manera más eficiente? Este tipo de cuestionamiento crítico apunta directamente a los trabajos que sus clientes realmente intentan realizar.

La identificación de soluciones efectivas comienza con un pro- ceso de investigación profunda. Escuchar la voz del consumidor de manera real es algo que decimos mucho pero no hacemos tanto. Esto implica realizar mucho trabajo «sucio» e invertir mucho tiem- po (un activo que escasea, ya que no tenemos tiempo para invertir en tiempo).

Entrevistas, *focus groups*, encuestas u observaciones cualitativas nos ayudan a obtener indicios (me encanta este concepto) sobre las motivaciones de los clientes más allá de lo superficial. Es así como podemos descubrir las frustraciones y obstáculos que afrontan al intentar cumplir sus trabajos. La satisfacción del cliente requiere de una comprensión holística de cómo ese producto o servicio se integra en su vida.

Por ejemplo, el desarrollo de un servicio en un *gym* no debe centrarse únicamente en su aspecto funcional (mejora de las condiciones físicas). Quizás sea más importante qué aportan esas condiciones físicas en su autoconfianza, percepción, creencias, etc.

Un elemento angular en este enfoque es la creación de una mentalidad de innovación continua. La innovación debe ser percibida como un viaje constante e imprescindible. Las empresas que avanzan son aquellas capaces de adaptarse y evolucionar en función del *feedback* del cliente.

Este *mindset* permite incorporar acciones determinantes como pruebas de usabilidad antes del lanzamiento de un producto o estar dispuestos a realizar cambios y actualizaciones después de que un producto ya está en el mercado. Cada interacción del usuario con el producto es una oportunidad de aprendizaje que puede guiar las futuras iteraciones, siempre que se actúe con sentido estratégico y tengamos todas las respuestas a las preguntas decisivas.

La colaboración entre departamentos es también un aspecto decisivo. Para que una organización sea verdaderamente receptiva a las necesidades del cliente, los distintos departamentos deben trabajar juntos de manera cohesiva. Marketing debe estar conectado permanentemente con desarrollo de productos, ventas, compras o atención al cliente. Todos deben compartir un objetivo común: resolver los trabajos que los clientes intentan realizar. Esta sinergia interna mejora considerablemente la calidad de la solución final, creando un entorno en el que la innovación es protagonista.

Adicionalmente, centrar la atención en soluciones también proporciona una ventaja competitiva en un mercado (y prácticamente todos los mercados están saturados de oferta). La habilidad de identificar y ofrecer soluciones verdaderamente relevantes puede ser el diferenciador clave que lleve a un cliente a elegir una marca sobre otra. La personalización, la atención al detalle y el compromiso de resolver problemas específicos son aspectos que pueden convertir una simple transacción en una relación a largo plazo, caracterizada por la lealtad del cliente.

Por otro lado, las empresas deben estar preparadas para adaptarse a los cambios en el comportamiento del consumidor y en las condiciones del mercado. La tecnología avanza rápidamente, y lo que hoy es una solución efectiva podría no ser suficiente mañana. Esto es muy importante, reflexiona sobre ello.

Por tanto, la recomendación es mantener una mentalidad abierta y estar dispuestos a explorar nuevas opciones y metodologías que puedan mejorar las ofertas. Esto incluye la adopción de herramientas digitales que faciliten la recopilación y análisis de datos sobre el comportamiento del consumidor, permitiendo una comprensión más profunda de sus necesidades y deseos.

La creación de soluciones efectivas también implica una evaluación continua del impacto que tienen en los consumidores. Hay que establecer métricas claras que midan el éxito de los productos y servicios en relación con los trabajos que intentan realizar. Esto puede incluir la satisfacción del cliente, la tasa de retención y el impacto en la vida del consumidor, entre otras variables estratégicas. Al recopilar y analizar estos datos, se pueden realizar ajustes informados que optimicen las ofertas y fortalezcan la conexión con los clientes.

Centrarse en soluciones efectivas es una estrategia de negocio que lleva a construir una filosofía que transforma la cultura organizacional. Las marcas que adoptan este enfoque desarrollan una mentalidad orientada al cliente en todos los niveles, lo que impulsa un sentido de misión compartida. Entonces, la innovación se convierte en un esfuerzo colectivo, donde todos se sienten responsables del éxito del cliente. Este sentido de propósito impacta positivamente en la satisfacción del cliente, tanto externo como interno (empleados).

## Referencias bibliográficas

SCOTT, W. (2025). *The Jobs-to-be-Done Pyramid: An Innovation Architecture for Humans - Linking Function, Emotion, and Identity*. Independently published.

POSMAN, R. & CALHOUN, J. (2024). *The Design Conductors: Your Essential Guide to Design Operations*. Rosenfeld Media.

BAINES, T., ZIAEE, A. & KAPOOR, K. (2024). *Servitization Strategy: Delivering Customer-Centric Outcomes Through Business Model Innovation*. Palgrave Macmillan.

MORGAN, B. (2024). *The 8 Laws of Customer-Focused Leadership: New Rules for Building A Business Around Today's Customer*. HarperCollins Leadership.

FADER, P. (2020). *Customer Centricity: Focus on the Right Customers for Strategic Advantage*. Wharton School Press.

## Dinámica de autocomprobación

**Define una situación real en la que hayas sentido frustración al usar un producto o servicio. A continuación:**

1. Describe brevemente el problema principal que querías resolver (más allá de la función del producto).

2. Explica qué solución esperabas encontrar (por ejemplo, facilidad, rapidez, apoyo emocional).

3. Indica una acción concreta que la marca podría haber hecho para mejorar la solución (p. ej.: simplificar la interfaz, personalizar la experiencia, ofrecer soporte en tiempo real).

## Capítulo 3

# Identificación de necesidades
# o deseos del cliente

Hablamos de lo que significa descifrar lo que realmente busca un cliente en su vida diaria. Este proceso de descubrimiento implica estar dispuesto a sumergirse en la realidad de los consumidores, a observar sus conductas, a escuchar sus historias y, sobre todo, a entender el contexto en el que se encuentran. En este sentido, cada interacción con el cliente se convierte en una oportunidad para identificar aquellos trabajos que aún no están siendo atendidos de manera efectiva. ¡Esto es top!

La clave para una identificación exitosa de las necesidades o deseos del cliente es implantar un enfoque proactivo y empático. Obviamente, es necesario explorar las verdaderas motivaciones que los impulsan. Se trata de observar a los consumidores en su entorno natural, donde se desarrollan las interacciones con los productos y servicios. Únicamente ahí es donde podemos captar aquellos *insights* que evidencian las sutilezas de la experiencia del usuario y detectar aquellos *inputs* que son el *leitmotiv* para el desarrollo de soluciones efectivas.

Curiosamente, y esto es genial, en algunos casos los clientes pueden no ser plenamente conscientes de lo que necesitan y mucho menos de lo que desean. Aquí entra en juego el concepto de necesidades latentes y deseos latentes. Hablamos de aquello que aún no ha sido expresado porque los clientes no han tenido la oportunidad de reflexionar sobre ello o porque no han encontrado soluciones que les ayuden a identificar sus problemas. Como podemos comprobar, el nivel de complejidad puede ser muy alto a la hora de detectar esta información, lo que nos deja un escenario de oportunidad latente verdaderamente motivador para cualquier marca.

Por esta vía, la recomendación es traspasar el límite de las respuestas evidentes y buscar pistas que revelen los verdaderos trabajos que los consumidores intentan realizar. Este proceso requiere creatividad, paciencia y, sobre todo, la disposición a cuestionar las suposiciones propias sobre lo que los clientes quieren.

Importantísimo resulta, por tanto, reconocer que las necesidades o deseos de los clientes no son estáticos y que evolucionan con el tiempo, siendo influenciados por diversos factores como las tendencias culturales, la tecnología y las circunstancias personales. Por tanto, la identificación de estas situaciones debe ser un proceso continuo.

Para ello, hay que establecer mecanismos capaces de recopilar y analizar datos de manera regular, que permitan adaptarse y responder de manera efectiva a las mutantes demandas del mercado. Las encuestas periódicas, las métricas de satisfacción del cliente y el análisis de comentarios en redes sociales, entre otras, son herramientas que pueden proporcionar información valiosa sobre cómo han cambiado las expectativas de los consumidores.

Un aspecto crítico de este proceso es la segmentación de las necesidades. No todos los consumidores tienen las mismas prioridades, y lo que es fundamental para un grupo puede no serlo para otro. Entonces, una buena práctica es clasificar en categorías, como necesidades básicas, necesidades emocionales (más cercanas a los deseos) y necesidades funcionales. Esta segmentación ayuda a dirigir los esfuerzos de desarrollo de productos y servicios, permitiendo un proceso de marketing más efectivo, donde la comunicación puede ser personalizada y condicionada para diferentes segmentos de clientes.

Implantar una cultura de innovación centrada en el cliente implica que todos los miembros de una organización deben estar alineados con una misión: satisfacer las necesidades de los clientes. La formación continua y la sensibilización sobre la importancia de la identificación de necesidades debe impregnar todos los poros para fomentar un sentido de responsabilidad compartida en todos los niveles de la empresa. Este enfoque colaborativo permitirá que las ideas fluyan y que se generen soluciones creativas a partir de diversas perspectivas.

Debemos tener en cuenta que la identificación de necesidades o deseos del cliente no es un proceso lineal y los fracasos son parte del aprendizaje. Las empresas deben estar dispuestas a experimentar, a probar nuevas ideas y, en ocasiones, a fallar. Cada error ofrece una lección valiosa que puede guiar futuras decisiones. Esta mentalidad de aprendizaje continuo, combinada con un enfoque centrado en el cliente, puede dar lugar a una ventaja competitiva significativa.

Sin duda, es un proceso crítico que va más allá de la simple recopilación de datos y que requiere un compromiso constante con la empatía, la observación y la adaptación. A medida que se profundiza en la comprensión de sus consumidores, una marca puede crear productos más efectivos, establecer relaciones más significativas y ser la opción favorita del público objetivo.

## Referencias bibliográficas

VAIDYA, S. & GANDER, C. (2024). *Think Like The Minimalist: Master the art and science of creating thought-provoking design.* Penguin Business. Product Talk LLC.

WEYLMAN, R. (2024). *100 Proven Ways to Acquire and Keep Clients for Life: The Path to Permanent Business Success.* Mango.

TASGAL, A. (2024). *The Consumer Behaviour Book: Exploring the reasons why emotions are so important in decision-making.* LID Publishing.

HERBST, W. (2024). *Mastering Product Innovation: The Ultimate Guide for Successful Design.* Archway Publishing.

NAKOOM, V. (2024). *Understanding Customer Behavior in the Digital Era: How Technology is Shaping Consumer Decisions, Preferences, and Engagement.* Independently published.

**Dinámica de autocomprobación**

Pon a prueba tu comprensión con este planteamiento básico:

1. Describe una situación reciente en la que hayas observado el comportamiento de un cliente (o usuario).

   ¿Qué pequeño gesto o comentario te hizo pensar que había una necesidad o deseo no satisfecho?

2. ¿Cómo hubieras explorado esa necesidad de forma profunda y empática?

   Por ejemplo: observar en contexto, preguntar por rutina, explorar frustraciones no evidentes...

3. Propón una posible acción (muy básica) para empezar a validar esa necesidad.

   Puede ser una pregunta de encuesta, un boceto de interfaz, una entrevista breve... Lo importante es mostrar disposición a descubrir, no a suponer.

# Capítulo 4

# Diferencia entre problemas y trabajos a realizar

Llegamos a un punto fundamental, ya que para entender el planteamiento JTBD debemos establecer una distinción clara entre lo que constituye un problema y lo que implica un trabajo a realizar. Esta diferenciación es vital para el desarrollo de productos y servicios, ya que afecta de manera directa la manera en que las organizaciones se comunican con sus clientes y cómo perciben sus necesidades.

En el ámbito *business to business* (B2B), esta distinción adquiere aún más relevancia, ya que los clientes buscan soluciones específicas que les permitan optimizar su rendimiento y alcanzar sus objetivos de negocio.

Cuando hablamos de un «problema», nos referimos a una situación que genera insatisfacción o frustración en el cliente. Un problema puede surgir cuando un producto o servicio no cumple con las expectativas del usuario, ya sea por fallos en su funcionamiento, falta de características necesarias o incluso por una mala experiencia de uso.

Ejemplo: Supongamos que una empresa implementa un *software* de inteligencia artificial para optimizar sus campañas de marketing. Sin embargo, los usuarios experimentan constantes fallos técnicos, como la incapacidad del *software* para analizar datos correctamente o la falta de integración con otras plataformas que utilizan. Estos fallos crean confusión y frustración entre los equipos de marketing, ya que no pueden tomar decisiones informadas basadas en los datos proporcionados por el *software*. Además, la falta de soporte técnico adecuado agrava la situación, lo que lleva a que el equipo tenga que invertir tiempo adicional para resolver problemas que deberían ser automáticos. Al no cumplirse las promesas iniciales del *software* de proporcionar análisis precisos y recomendaciones efectivas, la confianza en la herramienta se ve comprometida, lo que afecta a las campañas en curso y el rendimiento general.

Por otro lado, un «trabajo a realizar» se refiere a la tarea específica que el cliente intenta completar al utilizar un producto o servicio. Este trabajo puede ser tanto funcional (por ejemplo, la necesidad de aumentar la productividad en un equipo) como emocional (por ejemplo, el deseo de sentirse seguro en la toma de decisiones). La clave aquí es que el trabajo a realizar es el objetivo final que el cliente persigue, mientras que el problema es un obstáculo que se interpone en su camino. Comprender esta diferencia es fundamental para las empresas que buscan innovar y ofrecer soluciones que realmente resuelvan los problemas de sus clientes.

Ejemplo: Siguiendo el hilo del ejemplo anterior, el trabajo a realizar con el *software* de inteligencia artificial para marketing es «optimizar las campañas publicitarias para aumentar la conversión y mejorar el retorno de la inversión (ROI)». Los usuarios del *software* buscan analizar el comportamiento de los consumidores, segmentar audiencias y crear estrategias de marketing personalizadas basadas en estos análisis. Para lograr esto, necesitan que el *software* funcione correctamente, proporcionando informes claros y recomendaciones sobre cómo ajustar las campañas en tiempo real. Cuando el *software* cumple adecuadamente con este trabajo, permite a los equipos de marketing tomar decisiones informadas y efectivas, maximizando el impacto de sus esfuerzos publicitarios.

Hagamos un pequeño resumen en la Tabla 4.1.

Tabla 4.1. Resumen de la diferencia entre problema y trabajo a realizar

| PROBLEMA | TRABAJO A REALIZAR (JOB) |
|---|---|
| Situación puntual que genera frustración o insatisfacción | Meta que el cliente quiere alcanzar de forma funcional o emocional |
| Surge por errores, falta de funcionalidad o mala experiencia | Representa un progreso deseado en la vida o en el trabajo del cliente |
| Puede cambiar frecuentemente | Tiende a ser estable en el tiempo |
| El cliente se queja | El cliente actúa para conseguirlo |

Un aspecto interesante de esta distinción es que los problemas pueden ser transitorios, mientras que los trabajos a realizar suelen ser más constantes. Por ejemplo, un cliente puede experimentar un problema específico con un producto en un momento dado, pero su trabajo a realizar (como la necesidad de organizar su espacio o completar un proyecto) puede permanecer constante a lo largo del tiempo.

Además, la identificación de trabajos a realizar puede abrir nuevas oportunidades de mercado. A medida que las empresas comprenden mejor las tareas que sus clientes intentan completar, pueden descubrir necesidades no satisfechas que podrían convertirse en nuevas líneas de productos o servicios.

De regreso al ejemplo del *software* de inteligencia artificial para marketing, la empresa que lo ofrece puede descubrir que sus clientes no solo buscan una herramienta de gestión de proyectos y que también necesitan una forma de colaborar de manera más efectiva. Descubriendo este *insight*, podría desarrollar una plataforma que integre ambas funcionalidades. Este tipo de innovación dispara la satisfacción del cliente y marca la diferencia en un mercado tan competitivo como el que vivimos.

La transición de un enfoque centrado en el producto a uno centrado en el cliente, que prioriza la identificación de trabajos a realizar, también tiene implicaciones para la cultura de la organización. Este *mindset* fomenta un entorno de trabajo más colaborativo y creativo, donde todos los empleados se sienten empoderados para contribuir a la identificación de soluciones. De nuevo, hacemos alusión al propósito compartido.

## Referencias bibliográficas

Giovanetti, F. (2025). *The Customer-Driven Marketing Handbook: Building Marketing Plans That Capture and Convert.* Kogan Page.

S. Day, G. (2025). *Customer and Consumer Insights.* Vibrant Publishers.

CHERKAS, R. (2024). *REACH: A Framework for Driving Revenue Growth from Your Existing Customers.* Independently published.

HOU, Z. (2024). *Data-Driven Personalization: How to Use Consumer Insights to Generate Customer Loyalty.* Kogan Page.

TOWNSEND, B. & HOSKINS, T. (2024). *Insights on the Brink: Revitalizing the Market Research and Analytics Industry.* Quester.

## Dinámica de autocomprobación

Reflexiona sobre la siguiente transición: de un enfoque centrado en el producto a un enfoque centrado en el cliente y en los trabajos a realizar.

1. Identifica un ejemplo de un producto o servicio que conozcas que claramente esté centrado en sus propias características (no en las necesidades reales del cliente).

   Explica por qué crees que ese enfoque está más orientado al producto que al cliente.

2. Propón cómo ese producto o servicio podría evolucionar hacia un enfoque centrado en el cliente.

   ¿Qué trabajo a realizar debería priorizar? ¿Cómo debería cambiar la solución para satisfacer mejor ese trabajo?

3. Piensa en qué impacto tendría esta transición en la cultura interna de la organización.

   ¿Cómo afectaría a los equipos, a la forma de innovar y a las decisiones estratégicas?

# Capítulo 5

# Metodologías para aplicar Jobs to Be Done

L a aplicación efectiva del enfoque Jobs to Be Done (JTBD) requiere el uso de metodologías específicas que permitan comprender a fondo las necesidades de los clientes y diseñar soluciones que realmente resuelvan sus problemas. A continuación, exploraremos algunas metodologías clave que son fundamentales para la implementación de JTBD.

Figura 5.1. Ruta de herramientas para desarrollar la metodología JTBD

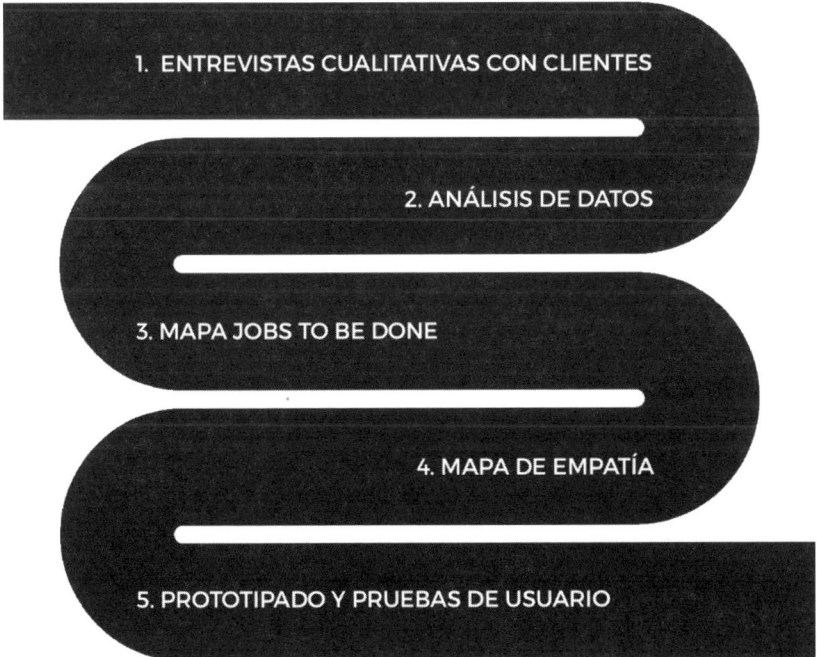

## 5.1. Entrevistas cualitativas con clientes

Las entrevistas son una herramienta esencial para obtener información detallada sobre los trabajos que los clientes intentan realizar. Este enfoque cualitativo permite a las empresas profundizar en las experiencias y motivaciones de los consumidores.

Para llevar a cabo entrevistas efectivas, se recomienda seguir estos pasos:

1. *Preparación de la guía de entrevista.* Diseñar un conjunto de preguntas abiertas que guíen la conversación. Estas preguntas deben abordar los trabajos que el cliente intenta realizar, las frustraciones a las que puede enfrentarse y los resultados que busca obtener.

2. *Selección de arquetipos.* Identificar diferentes arquetipos de usuarios que representen a los segmentos de mercado más relevantes. Esto garantiza que la variedad de experiencias y perspectivas se capture durante las entrevistas.

3. *Creación de un ambiente cómodo.* Realizar las entrevistas en un entorno que sea familiar para el cliente, ya sea presencial o virtual (que conlleva una mayor dificultad). El objetivo es fomentar una comunicación abierta y sincera.

4. *Análisis de las respuestas.* Una vez finalizadas las entrevistas, analizar las respuestas en busca de patrones y temas recurrentes. Esto permitirá identificar *insights* valiosos sobre los trabajos que los clientes buscan realizar. Es muy importante destacar que para que un *insight* sea procesable y productivo, debe ser lo suficientemente prescriptivo para que nos ayude a generar cambio y novedad.

## 5.2. Análisis de datos

A continuación, es el momento de aplicar una metodología complementaria que ayuda a diagnosticar y comprender mejor las necesidades de los clientes en función de datos cuantitativos. El uso eficaz de datos puede proporcionar una visión clara sobre los trabajos que están siendo atendidos y aquellos que aún necesitan soluciones. Para implementar un análisis de datos efectivo, vamos a considerar los siguientes pasos:

1. *Segmentación de la información.* Conectamos con el análisis de las respuestas obtenidas en el último punto de la herramienta anterior. Para ello, podemos utilizar herramientas de CRM y métricas de uso de productos para contrastar datos relevantes sobre las interacciones de los clientes con los productos o servicios. Se trata de organizar los datos en segmentos que reflejen diferentes grupos de clientes, permitiendo los *insights* obtenidos dentro de cada grupo.

2. *Visualización de datos.* Emplear herramientas de visualización (como por ejemplo Tableau o Power BI) para presentar los datos de manera clara y comprensible. De esta manera se facilita la identificación de tendencias y áreas que requieren atención.

3. *Interpretación de resultados.* Poner en contexto los trabajos a realizar. Debemos preguntarnos qué información revelan los datos sobre las necesidades de los clientes y cómo podemos adaptar las soluciones para satisfacer esas necesidades.

## 5.3. Mapa Jobs to Be Done

Ahora toca simplificar el proceso y poner en valor algo fundamental: diseñar una buena narrativa de datos. Para esta misión, una herramienta realmente útil es el Mapa JTBD. Se trata de una representación visual que ayuda a las organizaciones a identificar y categorizar los trabajos que los clientes intentan realizar. Al estructurar los trabajos en un mapa, podemos observar claramente las conexiones entre diferentes trabajos y las soluciones que ofrecen. Para crear un mapa efectivo, es ideal seguir los siguientes pasos:

1. *Identificación de trabajos.* Comenzar por diseñar una lista de todos los trabajos que los clientes intentan realizar en relación con el producto o servicio.

2. *Clasificación de trabajos.* Agrupar los trabajos en categorías (*sprints*) basadas en criterios como carácter funcional, carácter emocional y carácter social. Esto ayuda a priorizar las necesidades y a identificar áreas de mejora.

3. *Visualización del mapa.* Utilizar diagramas o gráficos para representar los trabajos y su relación con los productos o servicios. Esto facilitará la comunicación del enfoque JTBD a todos los miembros del equipo. Herramientas digitales como Miro o Genially son perfectas para ello.

4. *Revisión continua.* Debemos asegurarnos de revisar y actualizar el mapa de forma regular. Esta acción es clave, ya que en el contexto competitivo actual «nada permanece inmutable, solo el cambio». Por tanto, a medida que cambian las necesidades de los clientes, también deben hacerlo los trabajos y las soluciones asociadas.

El desarrollo integral, la optimización y el perfeccionamiento de un mapa de trabajos exhaustivo, minucioso y altamente efectivo maximiza significativamente los resultados en el desempeño laboral, reformulando completamente el enfoque cotidiano hacia una nueva y más eficiente perspectiva laboral.

El proceso de elaborar un mapa de trabajos se puede llevar a cabo de manera sencilla, práctica y accesible para todos los involucrados, con un objetivo claro y bien definido: proporcionar una representación visual, ágil, intuitiva y comprensible de las actividades que realizan los consumidores en su vida diaria, facilitando así una comprensión más clara y profunda de dichas labores.

Este mapa debe ser fácilmente entendible para todas las personas dentro de la empresa, sin la necesidad de contar con especialización técnica en la materia, ya que su propósito es permitir la obtención de la información necesaria en el momento oportuno de forma sistemática y adecuada, contribuyendo así a una comunicación más efectiva y eficiente dentro de la organización. A su vez, facilitará que el trabajo se convierta en algo más accesible, comprensible y cohesionado para todos los interesados, quienes pueden influir directamente en la solución y el crecimiento sostenible del negocio, así como en su desarrollo estratégico.

En términos de innovación, un punto crítico es establecer qué partes de los *sprints* se desean priorizar y comprender mejor. Lo habitual y recomendable a seguir en el proceso de creación de un mapa de trabajos dinámico es que se elabore considerando la totalidad del proceso, capturando así cada detalle que pueda ofrecer valor añadido.

La implementación de Jobs to Be Done es un proceso que se beneficia enormemente de metodologías bien definidas. Al utilizar entrevistas cualitativas con clientes, análisis de datos y la creación de mapas de trabajos, cualquier tipo de organización puede obtener una comprensión profunda de las necesidades de sus consumidores y desarrollar soluciones innovadoras que realmente generen valor. Este enfoque mejora la satisfacción del cliente y fortalece la posición competitiva de la empresa en el mercado.

## 5.4. Mapa de empatía

Como complemento a la herramienta anterior, mapa JTBD, el mapa de empatía es otra herramienta visual que ayuda a las empresas a comprender mejor a sus clientes. Se basa en la premisa de que, para diseñar soluciones efectivas, es necesario entender estas variables estratégicas acerca del cliente:

- *Qué piensa y siente*. Se trata de intentar captar cómo es el mundo interno del cliente.

- *Qué dice y hace*. La idea es detectar posibles incongruencias entre discurso y acción.

- *Qué ve.* Aquí nos enfocamos en el contexto visual y profesional en el que se mueve.

- *Qué oye.* Ayuda a detectar posibles incoherencias entre discurso y acción.

- *Esfuerzos/Dolor* (Pains). Un paso clave para detectar oportunidades de mejora o innovación.

- *Ganancias/Motivaciones* (Gains). Un paso clave para poder identificar sus objetivos, deseos y palancas de satisfacción.

Se estructura normalmente en estos 6 bloques principales, que están diseñados en función de la persona compradora o decisora (*buyer persona* o *decision maker*).

Crear un mapa de empatía es un ejercicio que enriquece y fomenta la discusión entre los equipos y conduce a una comprensión más profunda de la perspectiva del cliente. En este caso, herramientas que hemos citado en el punto anterior, como Miro o Genially, nos ayudan a plantear visualmente esta información clave.

Para facilitar la construcción de un mapa de empatía, vamos a compartir la Tabla 5.1 en la que se muestran potenciales preguntas de ejemplo que pueden guiarnos a la hora de enfocarnos en el cliente.

Tabla 5.1. Guía de preguntas como ejemplo para crear un mapa de empatía

| VARIABLE | POTENCIALES PREGUNTAS |
|---|---|
| ¿Qué piensa y siente? | ¿Qué considera realmente importante?<br>¿Qué le preocupa?<br>¿Qué le motiva o le mueve?<br>¿Cuáles son sus valores? |
| ¿Qué dice y hace? | ¿Qué expresa públicamente?<br>¿Cómo se comporta en reuniones?<br>¿Qué decisiones toma?<br>¿Es coherente lo que dice con lo que hace? |

| VARIABLE | POTENCIALES PREGUNTAS |
|---|---|
| ¿Qué ve? | ¿Qué percibe en su entorno?<br>¿Qué tipo de ofertas o soluciones observa?<br>¿Cómo es su entorno de trabajo?<br>¿Qué tipo de innovación le rodea? |
| ¿Qué oye? | ¿Qué dicen sus compañeros o superiores?<br>¿Qué escucha en su sector?<br>¿A qué creencias se enfrenta?<br>¿Qué influencias externas pesan en sus decisiones? |
| Esfuerzos/Dolor<br>(*Pains*) | ¿Cuáles son sus miedos, frustraciones o barreras?<br>¿Qué le resulta difícil?<br>¿Qué riesgos percibe?<br>¿Qué le impide avanzar o cumplir sus objetivos? |
| Ganancias/Motivaciones<br>(*Gains*) | ¿Qué expectativas tiene?<br>¿Qué significa el éxito para esta persona?<br>¿Cómo mide el rendimiento?<br>¿Qué resultados espera? |

## 5.5. Prototipado y pruebas de usuario

Finalmente, el prototipado y las pruebas de usuario son etapas decisivas en el desarrollo de soluciones basadas en el enfoque JTBD. Estas herramientas permiten a las empresas visualizar y testear sus ideas antes de lanzarlas al mercado. Al desarrollar prototipos, es fundamental tener en cuenta:

1. *Prototipos de baja fidelidad.* Comenzar con prototipos simples, como bocetos o *wireframes*, permite a los equipos explorar ideas sin una inversión significativa de tiempo y recursos. En este sentido, existen en la actualidad numerosas herramientas digitales que ayudan a plantear conceptos muy potentes, como por ejemplo Marvelapp o Proto.io.

2. *Pruebas con usuarios reales.* Involucrar a los usuarios en la fase de prueba proporciona *feedback* valioso sobre la usabilidad y efectividad de la solución. Observar de forma cualitativa cómo interactúan con el prototipo puede revelar *insights* que no se habrían capturado de otra manera.

3. *Iteración basada en* feedback. Las pruebas de usuario deben ser vistas como una oportunidad para aprender. Las empresas deben estar dispuestas a ajustar sus soluciones en función de lo que descubren durante estas pruebas. Para generar un buen contraste de la información, lo ideal es contar una tarjeta de pruebas que defina la hipótesis inicial, las métricas y los criterios estratégicos, y otra tarjeta de aprendizaje que cuestiona la hipótesis inicial, matiza el aprendizaje obtenido en la observación aplicada con el público y se deciden potenciales cambios que aporten mejoras evidentes a la idea original.

Como conclusión, podemos afirmar que implementar el enfoque de Jobs to Be Done con éxito requiere una variedad de herramientas y técnicas que ayuden a las organizaciones a identificar y comprender las necesidades de sus clientes. Cada fase del proceso es fundamental para garantizar que las soluciones desarrolladas realmente aborden los trabajos que los consumidores intentan realizar. Al adoptar un enfoque centrado en soluciones, las empresas pueden satisfacer las necesidades de sus clientes y construir relaciones más intensas y duraderas que fomenten la lealtad y el crecimiento a largo plazo.

## Referencias bibliográficas

CAGAN, M., HICKMAN, L., JONES, C., IDIODI, C. & MOORE, J. (2024). *Transformed: Moving to the Product Operating Model (Silicon Valley Product Group)*. Wiley.

HACKLEY, C. (2024). *Qualitative Research in Marketing and Management*. Routledge.

LEMON, L. (2024). *The Mindful Qualitative Researcher (Qualitative Research Methods)*. SAGE Publications, Inc.

GRAND, C. (2024). *Data-Driven Decision-Making for Business*. Routledge.

KUMAR, B. (2024). *Decoding Consumer Behavior: Trends and Insights for 21st Century*. Independently published.

## Dinámica de autocomprobación

El mapa de empatía es una herramienta muy práctica para entender en profundidad a tus clientes. Realiza este breve ejercicio para comprobar su utilidad y aplicación:

1. Piensa en un cliente (real o potencial) de tu organización o sector.

   Describe brevemente quién es y cuál es su contexto. No te centres solo en datos demográficos; intenta entender su día a día.

2. Trabaja los cuadrantes del mapa de empatía, redactando al menos 3 hipótesis por cada cuadrante sobre lo que ese cliente podría estar experimentando, pensando o necesitando.

3. Reflexiona sobre el valor que te aporta este mapa.

   ¿Qué decisiones podrías mejorar en tu organización si tuvieras más información como la que el mapa te proporciona?

   ¿Cómo crees que esta herramienta puede fomentar conversaciones más empáticas dentro de tu equipo?

# Capítulo 6

# Ejemplos de aplicación en el mundo real

A continuación, proponemos dos casos de estudio que resultan inspiradores, revolucionarios y reveladores, donde se percibe la implementación de este enfoque, que han aportado importantes y transformadoras propuestas de valor para dos marcas muy relevantes: Airbnb y Bizum. Sin duda, dos valiosos ejemplos en la intersección y conexión entre la teoría y la práctica.

## CASO DE ESTUDIO AIRBNB

### Introducción al ejemplo

Airbnb, fundada en 2008, ha transformado radicalmente la industria de la hospitalidad al ofrecer a los viajeros la oportunidad de alquilar casas, apartamentos y otros tipos de alojamientos únicos en lugar de optar por hoteles tradicionales. Su enfoque innovador ha logrado conectar a anfitriones y viajeros de una manera que permite una experiencia más auténtica y personalizada.

Es una realidad que los consumidores buscan con una intensidad creciente experiencias significativas, y no únicamente lugares para dormir. En este escenario, Airbnb ha sabido posicionarse como una solución ideal al emplear el enfoque de Jobs to Be Done (JTBD) para entender las necesidades y los deseos de sus clientes.

### Aplicación de JTBD

Airbnb llevó a cabo un estudio cualitativo de manera exhaustiva que reveló que muchos de sus clientes no solo buscaban alojamiento. En realidad, deseaban vivir una experiencia que les permitiera sumergirse en la cultura local. Este es un claro motivo que pone de manifiesto la enorme diferencia entre un enfoque de necesidad y un enfoque de deseo.

Si profundizamos en el análisis de datos obtenidos partiendo de algunos *insights* prescriptivos encontrados, podemos percibir aspectos realmente estratégicos e interesantes. Por ejemplo, no es lo mismo un lugar donde pasar la noche que sentir una conexión original y auténtica con la comunidad receptora de las visitas. A partir de esta comprensión, Airbnb comenzó a implementar varias estrategias enfocadas en los trabajos que los consumidores intentan realizar. Eso sí, sin olvidar el análisis de la otra parte del público, la comunidad local receptora, para obtener contrastes verdaderamente productivos y eficientes. Como podemos intuir, este es un detalle absolutamente fundamental y diferencial.

En el mapa JTBD que da sentido a este ejemplo, podemos destacar acciones tan interesantes como:

- *Ofrecimiento de experiencias.* Airbnb introdujo la opción de «Experiencias», donde los anfitriones pueden ofrecer actividades que van desde clases de cocina local hasta recorridos culturales por la ciudad. Este enfoque permite a los viajeros disfrutar de su estancia de otra manera, al brindar la oportunidad de interactuar con la comunidad local, algo que no se puede obtener tan fácilmente en un hotel tradicional.

- *Personalización de búsqueda.* La plataforma mejoró su algoritmo de búsqueda para ofrecer opciones de alojamiento que, además de alinearse con el presupuesto y la ubicación, también tuvieran en cuenta las preferencias personales de los viajeros. Esto se traduce en una experiencia de búsqueda más enriquecedora y satisfactoria, capaz de disparar las expectativas y el grado de motivación para viajar de los usuarios, que pueden encontrar el alojamiento perfecto que se adapte a sus necesidades y deseos.

- *Campañas publicitarias.* Airbnb ha lanzado interesantes campañas publicitarias sencillas pero rompedoras por su manera de destacar sus ventajas competitivas, que reflejan su enfoque en la autenticidad y la conexión humana. Una de las campañas más destacadas, titulada *Belong Anywhere* («pertenecer a cualquier lugar»), donde cada alojamiento cuenta una historia. Enfatiza la idea de que los viajeros pueden sentirse como en casa, independientemente de dónde se encuentren. El sentido de pertenencia se proyecta estratégicamente como un elemento diferencial e integrador.

- *Testimonios y reseñas.* Airbnb ha hecho énfasis en las reseñas y testimonios de los huéspedes para fortalecer su credibilidad. Al resaltar las experiencias positivas de los viajeros en sus campañas, Airbnb crea una percepción de confianza y comunidad que es difícil de replicar para los hoteles tradicionales, a menudo impersonales. Si a esto incorporamos *inputs* relacionados con ese sentido de pertenencia a las comunidades locales, el lenguaje persuasivo entre usuarios hace que las probabilidades de éxito se disparen. Este enfoque anima a los futuros huéspedes a explorar la plataforma, ya que pueden ver las experiencias de otros viajeros en situaciones similares a las suyas.

## Resultados

Las iniciativas de Airbnb han mostrado resultados notables. Desde la introducción de «Experiencias», la marca ha visto un aumento significativo en la participación de los viajeros, así como un crecimiento en la satisfacción del cliente.

En encuestas de validación realizadas tras la implantación de las acciones, un altísimo porcentaje de los usuarios expresaron que su experiencia con Airbnb fue superior a la de los hoteles, destacando la autenticidad y la conexión con la comunidad como factores clave en su decisión de utilizar la plataforma.

Adicionalmente, Airbnb ha registrado un aumento en la cantidad de usuarios que optan por «Experiencias», lo que indica un claro interés por parte de los viajeros en involucrarse más allá del simple alojamiento. Esta estrategia ha fortalecido la posición de Airbnb en el mercado en un momento clave a nivel competitivo, lo que ha permitido abrir brecha en términos de diferenciación respecto a los competidores más directos, ofreciendo un motivo adicional que los hoteles no pueden igualar.

La aplicación del enfoque Jobs to Be Done en Airbnb, sin duda, ha permitido a la empresa comprender mejor las necesidades de sus clientes. A su vez, ha impulsado su crecimiento y su relevancia en la industria de la hospitalidad. Centrarse en crear experiencias auténticas y significativas ha otorgado a Airbnb establecer un estándar elevado en el mercado, mostrando cómo la innovación centrada en el cliente puede transformar a todo un sector.

Para finalizar este caso, mostramos una tabla resumen que recoge las soluciones propuestas por Airbnb y los trabajos que resuelve para sus clientes:

Tabla 6.1. Soluciones propuestas y *jobs* que resuelve Airbnb
con su enfoque JTBD

| SOLUCIÓN AIRBNB | TRABAJO QUE RESUELVE (tipología) |
| --- | --- |
| Plataforma de reservas intuitiva | Funcional: facilidad, eficiencia, seguridad al reservar |
| Programa «Experiencias» | Emocional/social: conexión con la cultura local |
| Campaña *Belong Anywhere* | Emocional: pertenencia, identidad, arraigo |

| SOLUCIÓN AIRBNB | TRABAJO QUE RESUELVE (tipología) |
|---|---|
| Sistema de valoraciones sociales | Emocional/social: confianza entre iguales |
| Algoritmo de personalización | Funcional/emocional: encontrar opciones afines a mí |

## CASO DE ESTUDIO BIZUM

### Introducción al ejemplo

Bizum, proveedor de servicios de pago de España, fue lanzado en 2016 contando con el respaldado de la mayoría de las entidades bancarias del país. Sin duda, ha transformado radicalmente la forma en que las personas realizan transferencias de dinero en su día a día. Con un enfoque innovador ha logrado conectar a millones de usuarios bajo una solución compartida, rápida y segura, sin la necesidad de conocer números de cuenta ni enfrentarse a procesos largos y complejos.

Sabemos que los consumidores buscan con creciente intensidad experiencias instantáneas, sencillas y que no generen fricciones. En este contexto, Bizum ha sabido posicionarse como una solución ideal al emplear el enfoque JTBD para entender los trabajos que los usuarios realmente intentan realizar. Incluso, lo que más destaca, es que la marca ha sido capaz de crear un lenguaje propio. Expresiones como «hazme un bízum» o «te hago un bízum» son absolutamente cotidianas.

### Aplicación de JTBD

Bizum desarrolló un análisis cualitativo y cuantitativo que reveló que las personas, además de transferir dinero, deseaban resolver pequeños pagos habituales de forma inmediata y sin complicaciones, especialmente en contextos sociales donde la rapidez y la comodidad son críticas. Vemos en este caso concreto cómo la necesidad prácticamente se convierte en deseo.

Los *insights* obtenidos permitieron a Bizum entender que las personas buscaban una herramienta para agilizar sus relaciones sociales y económicas diarias.

En el mapa JTBD que da sentido a este ejemplo, podemos destacar acciones tan interesantes como:

- *Integración directa en las* apps *bancarias.* Bizum evitó la creación de una aplicación propia y se integró directamente en las *apps* de los bancos. Este movimiento eliminó la necesidad de registros adicionales, facilitando una adopción inmediata (factor clave), alineándose con el trabajo que los usuarios querían resolver: transferir dinero de manera sencilla y sin aprender a usar nuevas plataformas. Como podemos comprobar, una utilidad JTBD de libro.

• *Pago instantáneo a través del número de teléfono.* Utilizar el teléfono móvil como identificador único logra eliminar la barrera del número de cuenta. Esta propuesta resolvió el trabajo de «quiero pagar a alguien sin pedirle el IBAN, de forma rápida y sin errores», simplificando la experiencia de usuario al máximo. En la era de la inmediatez, una decisión así es ganadora.

• *Campañas de comunicación sencillas y cotidianas.* Bizum lanzó campañas publicitarias muy directas, enfocadas en situaciones de la vida real como «pagar al compañero que ha adelantado el café» o «compartir gastos de un regalo». Este enfoque de comunicación se apoyó en proyectar escenarios concretos y muy reales donde la herramienta resolvía trabajos inmediatos y cotidianos (y, lo más importante, haciendo protagonista al usuario).

• *Extensión al pago en comercios y donaciones.* La herramienta amplió su propuesta de valor al incluir pagos en comercios *online* y *offline*, permitiendo al usuario resolver otros trabajos como «quiero pagar en una tienda física sin usar efectivo» o «quiero pagar en un *ecommerce* de forma instantánea y sencilla», siempre bajo la misma lógica de inmediatez y sencillez. Esta característica de extensibilidad le aporta una grado de adaptación a nuevas situaciones realmente estratégico.

**Resultados**

La aplicación del enfoque JTBD por parte de Bizum ha dado como resultado una adopción masiva en España, con millones de usuarios activos y millones de operaciones mensuales. El servicio ha alcanzado un grado de penetración extraordinario, convirtiéndose en la solución de referencia para transferencias inmediatas entre particulares.

El crecimiento ha estado apoyado en la satisfacción del cliente y en la rapidez con la que Bizum ha respondido a sus trabajos reales, generando un efecto red que ha reforzado su liderazgo.

El caso Bizum demuestra que entender el trabajo que el cliente intenta realizar va mucho más allá de mejorar un producto: se trata de facilitar momentos cotidianos que requieren rapidez, confianza y sencillez. Sin duda, un ejemplo perfecto de aplicación de la metodología Jobs to Be Done.

Como en el caso anterior, para finalizar, mostramos una tabla resumen que recoge las soluciones propuestas por Bizum y los trabajos que resuelve para sus clientes:

Tabla 6.2. Soluciones propuestas y *jobs* que resuelve Bizum
con su enfoque JTBD

| SOLUCIÓN AIRBNB | TRABAJO QUE RESUELVE (tipología) |
|---|---|
| Integración en *apps* bancarias | Funcional: inmediatez, facilidad de acceso |
| Uso del número de teléfono | Funcional: simplicidad, eliminación de la fricción |
| Campañas publicitarias cotidianas | Emocional/social: identificación plena, resolución social amigable |
| Pago en comercios *offline* y *online* | Funcional: versatilidad, agilidad |
| Transferencias sin coste | Funcional: eficiencia, rapidez |

## Referencias bibliográficas

KRISHNAN, G. (2025). *Mastering Disruption: A Practical Guide to Understanding New-Age Business Models*. Penguin Random House.

SPITZ, R. (2024). *Disrupt With Impact: Achieve Business Success in an Unpredictable World*. Kogan Page.

SINGH, R. & MISHRA, V. (2024). *Review of Technologies and Disruptive Business Strategies*. Emerald Publishing Limited.

VELU, C. (2024). *Business Model Innovation*. Cambridge University Press.

FINETTE, P. (2023). *Disrupt Disruption: How to Decode the Future, Disrupt Your Industry, and Transform Your Business*. New Degree Press.

## Dinámica de autocomprobación

Revisa alguna otra marca, siguiendo estos modelos propuestos de aplicación de la metodología JTBD, que creas que podría ser otro claro ejemplo a seguir.

Para ello, utiliza el mismo esquema:

• Introducción al ejemplo.
• Aplicación de JTBD.
• Resultados.

# Capítulo 7

# Errores comunes al implementar Jobs to Be Done

La implementación del enfoque JTBD puede ofrecer valiosas oportunidades para aquellas organizaciones que buscan comprender mejor a sus clientes y desarrollar soluciones efectivas. Sin embargo, como con cualquier metodología, existen errores comunes que pueden dificultar su efectividad y llevar a resultados insatisfactorios. A continuación, exploraremos estos errores y proporcionaremos ejemplos prácticos que ilustran cómo evitarlos.

## Error 1. No entender correctamente el trabajo a realizar

Uno de los errores más frecuentes es no definir correctamente el «trabajo» que los clientes intentan realizar. Muchas veces, las empresas se centran en características del producto en lugar de en las necesidades subyacentes del cliente.

### Ejemplo práctico

Una empresa que vende aspiradoras podría pensar que su trabajo es «vender aspiradoras potentes». A nivel funcional, probablemente, esto implique que hagan un mayor ruido (ya que el ruido es sinónimo de potencia).

Pero, en realidad, el trabajo que el cliente quiere realizar es «mantener el hogar limpio de una manera tranquila y silenciosa». Si la empresa no comprende esta diferencia, puede desarrollar un producto que no satisface realmente las expectativas del cliente. Por tanto, si hubiese enfocado su atención en el trabajo a realizar por el cliente podría haber priorizado la suavidad acústica de uso en lugar de la potencia o, al menos, haber planteado un equilibrio de ambos escenarios.

## Error 2. Ignorar las dimensiones emocionales y sociales

Otro error común es centrarse exclusivamente en las dimensiones funcionales del trabajo, ignorando las emociones y contextos sociales que influyen en las decisiones de los consumidores. Los trabajos a realizar a menudo tienen componentes emocionales y sociales que son igual o más importantes.

### Ejemplo práctico

El ejemplo anterior nos valdría perfectamente para definir este escenario. Pero veamos otro caso. Imaginemos una compañía que desarrolla un *software* de gestión del tiempo. Si solo se enfoca en las características que ayudan a los usuarios a administrar su agenda, puede pasar por alto que muchas personas también buscan una herramienta que les ayude a reducir la ansiedad relacionada con la sobrecarga de trabajo. Al no considerar esta dimensión emocional, el *software* puede no generar el *feeling* necesario con los usuarios, a pesar de que sus características sean efectivas desde el punto de vista funcional.

## Error 3. No involucrar a los clientes en el proceso

La implementación de JTBD debe ser un proceso colaborativo que involucre a los clientes. Si una empresa lleva a cabo el proceso de descubrimiento y diseño sin la participación activa de los usuarios, corre el riesgo de perder información valiosa y crear soluciones que no se alineen con sus verdaderas necesidades. Es decir, no nos valen las creencias. De hecho, las creencias suelen ser limitantes. Lo que prima realmente son los hechos contrastados.

## Ejemplo práctico

Una empresa de alimentos saludables decide lanzar una nueva línea de productos, dejándose llevar por alguna tendencia no contrastada, sin consultar a sus clientes sobre sus preferencias. Como resultado, los productos no reflejan los gustos y criterios de los consumidores, lo que lleva a ventas bajas y a la necesidad de rediseñar la línea completa. Como podemos intuir, no existe una alineación de las ofertas con las expectativas de los clientes y sus demandas reales.

## Error 4. No actualizar el enfoque JTBD de manera continua

El mercado y las necesidades o deseos de los consumidores están en constante evolución. Un error común es considerar que una vez que se ha realizado un análisis de JTBD, no es necesario revisarlo. Si no se actualiza la comprensión de los trabajos a realizar, se perderá relevancia y, por tanto, oportunidades de mejora. El mundo cambia, además muy rápido, por tanto las marcas también deben hacerlo sabiendo adaptarse al momento y a las circunstancias.

## Ejemplo práctico

Una empresa de tecnología que desarrolla una aplicación de meditación puede haber identificado hace dos años que sus usuarios valoran la tranquilidad y la reducción del estrés. Sin embargo, si no revisan esta información periódicamente, pueden perderse tendencias emergentes, como la creciente necesidad de herramientas que también proporcionen apoyo para la productividad y el equilibrio entre el trabajo y la vida personal. Esto puede llevar a la desactualización de la aplicación y a la pérdida de usuarios ante la competencia.

## Error 5. Falta de alineación entre departamentos

El enfoque JTBD debe ser adaptado y adoptado por toda la organización, no solo por el departamento de marketing o desarrollo de productos. La falta de alineación entre departamentos puede dar lugar a esfuerzos fragmentados y creación de soluciones que no cumplen con los trabajos a realizar de manera efectiva.

### Ejemplo práctico

En una marca de zapatillas deportivas, mientras el equipo de marketing se enfoca en resaltar una nueva característica de amortiguación en sus campañas publicitarias, el equipo de desarrollo de productos se concentra en resolver problemas de durabilidad y ajuste que han sido identificados en modelos anteriores.

Así, el equipo de desarrollo está trabajando para garantizar que las zapatillas sean más resistentes y cómodas, pero no necesariamente están prestando atención a la promoción específica de la nueva tecnología de amortiguación.

Cuando se lanza la nueva línea de zapatillas, marketing presenta mensajes claros sobre la superioridad de la tecnología de amortiguación, pero los consumidores que compran las zapatillas se encuentran con problemas de ajuste que no han sido completamente resueltos. La falta de sincronización entre lo que se promociona y lo que realmente se ofrece genera frustración en los usuarios, quienes esperaban una mejora significativa en su experiencia de carrera. En este contexto, se produce una decepción por la calidad del producto, lo que genera que se empiece a cuestionar la reputación de la marca.

A modo de resumen, vamos a plasmar en la Tabla 7.1 los diferentes errores expuestos y una breve descripción de cada uno de ellos:

Tabla 7.1. Errores y características más comunes en la aplicación del modelo JTBD

| ERROR | DESCRIPCIÓN |
|---|---|
| No entender correctamente el trabajo a realizar | Confundir características del producto o servicio con necesidades profundas del cliente |
| Ignorar las dimensiones emocionales y sociales | Centrarse solo en funciones, sin atender a estados emocionales ni contextos sociales |
| No involucrar a los clientes en el proceso | Diseñar sin escuchar activamente al intermediario o al usuario final |
| No actualizar el enfoque JTBD de manera continua | No revisar ni adaptar el análisis a medida que el mercado avanza y cambia |
| Falta de alineación entre departamentos | Departamentos desconectados que generan mensajes y soluciones inconsistentes y no cohesionados |

## Referencias bibliográficas

DIEFFENBACHER, S., HÜTTINGER C., ZANINELLI, S., LINES, D. & REIN, A. (2024). *How to Create Innovation: The Ultimate Guide to Proven Strategies and Business Models to Drive Innovation and Digital Transformation.* Wiley.

DUNLAP, J. (2024). *The Innovative Seller: Keeping Pace in an AI and Customer-Centric World.* Wiley.

WEALTHFIELD, A. (2024). *Innovative Business Models: Disruptive Strategies for the Modern Entrepreneur.* Mindful Pages.

MARKIDES, C. (2023). *Business Model Innovation: Strategic and Organizational Issues for Established Firms.* Cambridge University Press.

HEDÉN, S. (2023). *Business Model Innovation.* Routledge.

## Dinámica de autocomprobación

Identificar errores críticos que pueden aparecer al implementar el enfoque JTBD y proponer soluciones aplicables.

Reflexiona sobre tu organización, un proyecto personal o un caso real que conozcas y responde a estas tres preguntas:

1. Analiza cada uno de los errores comunes descritos en este capítulo.

   ¿Cuál crees que es el error más probable que pudiera ocurrir (o que ha ocurrido) en tu organización (o en un ejemplo simulado de cualquier marca)?

2. Describe brevemente una situación real o hipotética donde este error haya afectado la experiencia del cliente o la efectividad de la solución. Detalla qué ocurrió y qué impacto tuvo en los resultados.

3. Propón al menos dos acciones concretas que podrían haberse tomado para evitar este error.

# Capítulo 8

# Integración con metodologías ágiles

La integración del enfoque Jobs to Be Done (JTBD) con metodologías ágiles es una enorme oportunidad para aquellas marcas que buscan innovar y adaptarse a las necesidades o deseos cambiantes de sus clientes. Ambas corrientes comparten un enfoque centrado en el cliente y un compromiso con la mejora continua. Eso las convierte en aliadas naturales en el proceso de desarrollo de productos y servicios. Evidentemente, existe una relación estratégica entre ambos planteamientos.

Es evidente, como sentimos a diario, que en el entorno empresarial actual pondera la velocidad y la capacidad de adaptación. Por este motivo la cultura ágil (*agile culture*) representa un enfoque clave para las organizaciones que desean alcanzar la relevancia, mantenerla y ser competitivas. Cuando combinamos este marco de trabajo con el enfoque Jobs to Be Done (JTBD), podemos interpretar la calidad de esta sinergia que impulsa la innovación permitiendo crear soluciones reales y válidas para resolver los trabajos de los clientes.

El modelo JTBD y la cultura ágil comparten principios fundamentales: ambos promueven la flexibilidad, la orientación al cliente y la mejora continua. Mientras que JTBD nos ayuda a entender los trabajos que los clientes intentan realizar, la cultura ágil proporciona los métodos y la mentalidad necesarios para adaptar las soluciones de forma rápida y eficiente, ajustándose al *feedback* constante del mercado.

¿Cómo se conectan ambas disciplinas (JTBD y *agile culture*) de manera práctica? Veamos a continuación cinco ítems clave:

- *Centrarse en el valor real para el cliente.* La cultura ágil fomenta la entrega continua de valor. Por su parte, JTBD permite identificar qué es realmente valioso para el cliente, ayudando a priorizar las funcionalidades y características que contribuyen directamente a resolver sus trabajos. En este sentido, JTBD actúa como una guía estratégica que alinea los equipos ágiles con las necesidades reales del mercado.

- Feedback *rápido y aprendizaje iterativo.* Los ciclos cortos de desarrollo en entornos ágiles (que representan un elemento diferencial de la metodología) coinciden perfectamente con el espíritu de JTBD, que requiere validar continuamente si los productos o servicios están ayudando a los clientes a completar sus trabajos. Esta combinación permite acelerar los aprendizajes y ajustar las soluciones, minimizando adicionalmente el riesgo de construir productos irrelevantes.

- *Colaboración interdepartamental.* La cultura ágil abre estructuras cerradas existentes en la organización y promueve equipos multidisciplinares. Este enfoque es fundamental para la metodología JTBD, ya que entender y resolver los trabajos a realizar requiere la integración de diferentes perspectivas: marketing, desarrollo de producto, atención al cliente, etc. La colaboración ágil facilita que todos los departamentos se alineen en torno a un objetivo común: atender y satisfacer los trabajos del cliente.

- *Adaptación continua al cambio.* Los trabajos de los clientes, lejos de ser de carácter estático, evolucionan con el tiempo. La cultura ágil es perfecta en este sentido, ya que facilita esta adaptación gracias a su estructura flexible. Este hecho permite que las organizaciones ajusten sus propuestas de valor a medida que surgen nuevas necesidades o deseos. La metodología JTBD, combinada con *agile*, permite monitorizar estos cambios en tiempo real y responder de manera proactiva. Esto, en los contextos actuales, permite generar ventajas competitivas.

- *Orientación a resultados medibles.* La cultura *agile* busca resultados concretos y medibles en cada *sprint*. Por su parte, la metodología JTBD ofrece un marco claro para definir métricas basadas en la satisfacción de los trabajos del cliente. ¿Qué significa esto? Facilitar que los equipos ágiles se orienten tanto en la entrega eficiente de tareas como a provocar impactos reales y de alto valor en la vida del cliente.

En la Tabla 8.1, proponemos un resumen de estos cinco puntos estratégicos de conexión entre la metodología JTBD y *agile culture*.

Tabla 8.1. Conexiones entre la metodología JTBD y *agile culture*

| JOBS TO BE DONE (JTBD) | AGILE CULTURE |
|---|---|
| **Foco en el valor real para el cliente**<br>Identifica lo que realmente importa para el cliente y prioriza lo que genera impacto | **Entrega continua de valor**<br>Desarrolla y entrega soluciones de forma rápida y progresiva, asegurando aportación constante de valor |
| ***Feedback* rápido y aprendizaje iterativo**<br>Validación continua de que las soluciones ayudan al cliente a cumplir sus trabajos | ***Sprints* y ciclos de mejora continua**<br>Permite testear, corregir y evolucionar el producto con agilidad, basándose en resultados inmediatos |
| **Colaboración interdepartamental**<br>Requiere la integración de áreas diversas para entender y resolver trabajos reales | **Trabajo en equipos multidisciplinares**<br>Fomenta la cooperación abierta y horizontal entre áreas funcionales |
| **Adaptación continua al cambio**<br>Los trabajos de los clientes evolucionan, por lo que las soluciones deben actualizarse | **Flexibilidad y respuesta rápida al cambio**<br>La agilidad permite adaptarse sin fricciones a nuevas prioridades y requisitos |
| **Orientación a resultados medibles**<br>JTBD define métricas vinculadas a la satisfacción real de los trabajos a realizar | **Métricas ágiles y objetivos claros**<br>El progreso se mide a través de resultados tangibles y orientados al cliente |

Metodologías ágiles, como Scrum o Kanban, promueven un enfoque iterativo e incremental para el desarrollo de productos y servicios, donde los equipos pueden responder rápidamente a los cambios y ajustes en función del *feedback* del cliente. Por ello, la combinación de estas dos filosofías permite a las organizaciones identificar y priorizar las necesidades de los clientes y adaptarse de manera efectiva a medida que esas necesidades evolucionan. Esta sinergia se manifiesta en varios aspectos clave.

Para contextualizar los conceptos de ambas metodologías ágiles, recordemos que Scrum organiza el trabajo en ciclos cortos (*sprints*), donde equipos multidisciplinares planifican, desarrollan, revisan y ajustan productos de manera iterativa y colaborativa, con un enfoque constante en la entrega de valor al cliente. Por su parte, Kanban es una metodología visual que gestiona el flujo de trabajo mediante un tablero donde las tareas se mueven entre columnas que representan diferentes etapas del proceso, permitiendo controlar, optimizar y adaptarse al ritmo real de cada equipo.

La integración de JTBD en un marco ágil comienza con la priorización de las características del producto. Utilizando el enfoque JTBD, los equipos pueden identificar los trabajos más importantes que los clientes intentan realizar. Al hacerlo, pueden enfocar sus esfuerzos en las características que realmente aportan valor.

Esto es especialmente útil durante las reuniones de planificación de *sprints*, donde se deben decidir las características a desarrollar en cada iteración. Llamamos *sprint* a un miniproyecto con ciclos de ejecución muy cortos, entre 1 y 4 semanas, con el objetivo de lograr un incremento de valor en el producto que estamos desarrollando.

Las metodologías ágiles promueven la iteración rápida y el aprendizaje continuo a través de ciclos de *feedback*. Esto complementa el enfoque JTBD, que también se basa en la retroalimentación del cliente para ajustar y mejorar las soluciones. Al implementar ciclos de *feedback* regulares, como las revisiones de *sprint*, los equipos pueden evaluar si las soluciones desarrolladas están cumpliendo efectivamente con los trabajos de los clientes.

El prototipado rápido es una práctica común en metodologías ágiles y se integra perfectamente con el enfoque JTBD. Al desarrollar prototipos que aborden trabajos específicos, los equipos pueden validar rápidamente sus ideas y realizar ajustes en función de la retroalimentación del cliente. Esto acelera el proceso de desarrollo, asegurando que las soluciones sean relevantes y efectivas.

La integración de JTBD en metodologías ágiles también fomenta una cultura de colaboración y comunicación abierta entre equipos. La participación de diversas disciplinas (marketing, desarrollo, atención al cliente) en el proceso de identificación de trabajos a realizar permite que todos los miembros del equipo tengan una visión holística de las necesidades del cliente. Esto, a su vez, mejora la alineación y el enfoque en la entrega de soluciones efectivas.

Tomemos como ejemplo a Nike, una marca mundialmente reconocida en la industria del deporte. La marca ha integrado el enfoque JTBD en su metodología ágil para mejorar la experiencia del cliente y fomentar la innovación en sus productos.

Cuando Nike lanzó su plataforma Nike By You, donde los clientes pueden personalizar sus zapatillas, utilizó el enfoque JTBD para entender que el trabajo que los consumidores intentan realizar es, además de comprar el producto deseado, expresar su identidad y estilo personal en función de sus necesidades específicas.

Al identificar este trabajo, Nike ha podido priorizar la funcionalidad de personalización en su desarrollo ágil. Durante las fases de desarrollo, Nike ha implementado ciclos de *feedback* regulares con sus usuarios para evaluar la experiencia de personalización. Para ello, se han usado prototipos rápidos que mostraban diferentes opciones de diseño y características, permitiendo a los consumidores interactuar con la plataforma y proporcionar opiniones sobre su funcionalidad y facilidad de uso.

Este enfoque ágil aceleró el proceso de desarrollo, asegurando que la solución final realmente cumpliera con los trabajos que los clientes intentaban realizar. Además, la integración de JTBD en su metodología ágil permitió a Nike fomentar una cultura de colaboración entre sus equipos de diseño, marketing y desarrollo tecnológico. Este diálogo constante aseguró que todos los departamentos estuvieran alineados y enfocados en la entrega de una solución efectiva.

Como cierre para este capítulo, hemos construido este esquema gráfico tipo «*canvas* comparativo» para visualizar la sinergia entre el enfoque JTBD y las metodologías ágiles (Tabla 8.2).

Tabla 8.2. *Canvas* comparativo de la sinergia JTBD y metodologías ágiles

| Elemento | JTBD | Metodologías ágiles | Sinergia estratégica |
|---|---|---|---|
| Foco principal | Comprender trabajos del cliente | Entrega iterativa de valor | Priorizar según necesidades reales |
| Herramienta clave | Entrevistas, mapeo de trabajos | Scrum, Kanban, retrospectivas | *Sprint planning* enfocado en JTBD |
| Cultura | Centrada en el cliente, desde la empatía | Colaborativa, abierta, de mejora continua | *Feedback* cíclico y multidisciplinar |
| Prototipado | Validación de trabajos a realizar | MVP, prototipos, *releases* frecuentes | Test rápido alineado con intención del cliente |
| Ejemplo | Nike By You: personalización como identidad | Iteraciones con prototipos funcionales | Cocreación de experiencia con el cliente |

## Referencias bibliográficas

PFEFFER, J. (2024). *The Basics of Agile Product Development: An Introduction to Scrum, Kanban, and Lean Development*. Peppair Gmbh.

NEJEM, M. (2024). *The Agile Leader: Navigating Change and Uncertainty with Agility*. Independently published.

PARKS, K. & ONYEMAOBI, C. (2024). *The Art of Agile Mastering Scrum for Modern Teams: Master Agile Project Management with Scrum: Boost Productivity and Deliver Results*. Independently published.

FAWZI, M. (2024). *Agile Scrum Dynamics (The Innovator's Toolkit)*. Independently published.

STEPHEN, J. (2023). *The Guide to Agile Methodologies: A breakdown of Scrum, Kanban and Hybrid frameworks*. Independently published.

## Dinámica de autocomprobación

Reflexiona sobre un proyecto real o hipotético en tu organización y responde a las siguientes preguntas:

1. Selecciona un trabajo a realizar (*job*) relevante para tus clientes.

   Ejemplo: «Quiero contratar una suscripción para un kit de suplementos nutricionales».

2. Elige una metodología ágil (Scrum o Kanban) que te gustaría implementar para desarrollar una solución orientada a ese *job*, explicando por qué eliges una u otra y cómo esa metodología te ayudaría a mejorar la entrega de valor.

3. Describe cómo estructurarías un *sprint* (o un flujo Kanban) para priorizar las funcionalidades que resuelvan ese *job*.

   Ejemplo: Diseñar entrevistas rápidas con clientes en la fase inicial, incluir prototipos de baja fidelidad en la primera entrega, validar con *feedback* en cada iteración.

4. Piensa en una práctica concreta para garantizar la conexión continua con el cliente durante el proceso.

   Ejemplo: Implementar revisiones de *sprint* con la presencia de clientes reales o usuarios clave.

# Capítulo 9

# El papel del equipo en la implementación

La implementación del enfoque Jobs to Be Done (JTBD) debe necesariamente involucrar a las personas que forman parte de la organización. En este sentido, el papel del equipo es absolutamente relevante para garantizar que los principios de JTBD se traduzcan en acciones concretas y efectivas.

El primer elemento que debemos considerar es la sinergia dentro del equipo. Cuando los miembros trabajan juntos de manera efectiva, pueden generar ideas más innovadoras y soluciones más robustas. Cada integrante aporta su perspectiva única, siendo esta diversidad de pensamientos la que enriquece el proceso de desarrollo.

### Ejemplo aplicado

En un equipo que está implementando JTBD, los especialistas en marketing, diseño, desarrollo y atención al cliente deben colaborar. Cada área tiene una comprensión distinta de los trabajos que los clientes quieren realizar, y al compartir estas visiones, el equipo puede construir una estrategia más completa y efectiva.

La comunicación es otro pilar fundamental en la implementación de JTBD. Desde el inicio del proceso, es vital establecer canales de comunicación claros y abiertos. De esta manera, las ideas fluyen y se permite identificar y abordar problemas de manera óptima. Las reuniones regulares, los espacios de intercambio de ideas y las plataformas de colaboración son herramientas imprescindibles que fomentan una cultura de transparencia y alineación dentro del equipo.

---

**Ejemplo aplicado**

Imaginemos un equipo de ingenieros que se reúne semanalmente para discutir avances y desafíos. Durante estas reuniones, el equipo puede abordar los trabajos que los clientes intentan realizar con su servicio y ajustar su enfoque en consecuencia. Esta práctica mejora la alineación y permite que cada miembro del equipo se sienta escuchado y valorado.

---

Empoderar al equipo es otro aspecto fundamental para el éxito de la implementación de JTBD. Cuando los miembros del equipo sienten que tienen la capacidad y la autoridad para tomar decisiones, son más propensos a asumir la responsabilidad de sus trabajos. El empoderamiento fomenta una cultura proactiva donde los individuos, además de cumplir de manera eficiente con sus tareas, buscan continuamente formas de mejorar las soluciones ofrecidas.

---

**Ejemplo aplicado**

En una empresa de moda sostenible, el equipo de diseño puede ser empoderado para experimentar con nuevos materiales en respuesta a la creciente demanda de productos ecológicos. Al sentirse responsables de la sostenibilidad de sus diseños, los miembros del equipo pueden innovar en formas que alineen los productos con las expectativas del cliente, cumpliendo así con sus trabajos.

---

Por supuesto, la formación continua es pura proteína para que el equipo se mantenga al día con las mejores prácticas en la implementación de JTBD. Nuevas tendencias del mercado o nuevas herramientas tecnológicas, entre otras, mejora las habilidades, aumenta el compromiso y multiplica la motivación.

---

**Ejemplo aplicado**

Una empresa de tecnología podría ofrecer talleres sobre métodos de investigación de mercado centrados en JTBD. Estos talleres, además de formar a los empleados sobre cómo aplicar el enfoque, podrían promover la colaboración y el intercambio de ideas entre diferentes departamentos.

---

Finalmente, es fundamental que el equipo celebre sus éxitos y aprenda de sus fracasos. Por un lado, reconocer y recompensar los logros, por pequeños que sean, refuerza la motivación y el sentido de pertenencia. Esto es fundamental para cualquier equipo.

Por otro lado, aprender de los fracasos es un elemento enriquecedor para la mejora continua. Una cultura que acepta el error como una oportunidad de aprendizaje en lugar de un motivo de penalización fomenta la innovación y el pensamiento creativo.

---

**Ejemplo aplicado**

Si un equipo de marketing lanza una campaña basada en el *feedback* de los clientes y no obtiene los resultados esperados, en lugar de culpar a los responsables, la empresa podría organizar una sesión de reflexión. Durante esta sesión, el equipo podría analizar qué salió mal y cómo pueden mejorar en el futuro, transformando una experiencia negativa en una oportunidad de crecimiento.

---

Una buena manera de cerrar este capítulo es resumir en la Tabla 9.1 las 6 claves para equipos que implementan la metodología JTBD:

Tabla 9.1. Elementos clave de interacción del equipo en la metodología JTBD

| Pilar | Idea principal | Ejemplo ilustrativo |
|---|---|---|
| Sinergia | Diversidad de roles y visiones mejora las soluciones | Equipo multidisciplinar (marketing, diseño, atención al cliente) |
| Comunicación | Canales abiertos fomentan transparencia y alineación | Reuniones semanales para revisar enfoque |
| Empoderamiento | Dar autonomía impulsa la proactividad y la mejora continua | Diseñadores sostenibles innovan al asumir responsabilidad ecológica |
| Formación continua | Aprendizaje constante para mantener fresco el enfoque y la motivación | Talleres sobre investigación de mercado centrada en JTBD |
| Celebrar logros | Reconocer el éxito refuerza compromiso y motivación | Celebración de avances tras experimentos exitosos |
| Aprender del error | Reflexionar sobre fallos fomenta la mejora y el pensamiento creativo | Sesión de análisis tras campaña fallida para extraer aprendizajes |

## Referencias bibliográficas

HARRINGTON, B. (2025). *High Performance Teams*. Publifye.

PEREIRA, S. & DAVIS, A. (2024). *Flow Engineering: From Value Stream Mapping to Effective Action*. IT Revolution

HUFFMAN, E. (2024). *Workbook for Team Topologies: Structuring Business and Technology Teams for Fast Flow*. Independently published.

SCOTT, L. (2024). *Building High Performance Teams: Why Clarity, Alignment and Trust are The Pillars to Building a Team That Wins*. Independently published.

DOM, G. (2024). *High-Trust Leadership: Building High Performance Teams*. Wise Media Group.

## Dinámica de autocomprobación

Reflexiona sobre las dinámicas internas de tu equipo (o uno simulado) y evalúa la alineación con los 6 pilares esenciales para la implementación efectiva de JTBD siguiendo este esquema:

1. Evalúa tu equipo actual o un equipo en el que hayas trabajado recientemente. Valora del 1 al 5 (siendo 1=muy bajo, 5=excelente) cada uno de estos pilares clave:

   • Sinergia.

   • Comunicación.

   • Empoderamiento.

   • Formación continua.

   • Celebrar logros.

   • Aprender del error.

2. Identifica el pilar más débil. Describe una situación en la que este pilar haya afectado negativamente al rendimiento o a la capacidad de satisfacer los trabajos del cliente.

3. Propón al menos dos acciones concretas para fortalecer ese pilar.

Ejemplos:

- Crear espacios semanales de comunicación estructurada.
- Establecer un programa de formación continua específico en JTBD.
- Introducir rituales de reconocimiento para celebrar pequeños logros.
- Organizar sesiones tras errores, orientadas al aprendizaje.

4. Diseña un indicador sencillo para medir si las acciones están generando mejora.

Ejemplos:

- Aumento en la participación en reuniones.
- *Feedback* positivo en encuestas internas.
- Mayor rapidez en la toma de decisiones del equipo.

# Capítulo 10

# Medición del éxito
# en Jobs to Be Done

Como en cualquier otro ámbito del marketing y la estrategia, la medición del éxito en la implementación del enfoque Jobs to Be Done (JTBD) es imprescindible para evaluar la efectividad de las soluciones y asegurar que se están cumpliendo las necesidades o deseos de los clientes. Además, se aporta una visión sobre cómo mejorar continuamente y adaptarse a las necesidades cambiantes del mercado.

Pero, para medir el éxito, primero debemos definir qué significa el concepto «éxito» en el contexto de JTBD. En este sentido, el indicador clave de éxito es la satisfacción del cliente.

La implementación de métricas específicas es fundamental para medir el éxito en el enfoque JTBD. A continuación, destacamos algunas de las métricas más efectivas que se pueden utilizar para evaluar el impacto.

## Net Promoter Score (NPS)

Esta métrica mide la lealtad del cliente y su disposición a recomendar un producto o servicio a otros. El NPS se obtiene mediante una simple pregunta: «En una escala del 0 al 10, ¿cómo de probable es que recomiendes este producto a un amigo o colega?». Los clientes que responden con un 9 o 10 son considerados promotores, mientras que aquellos que responden con un 0 a 6 son considerados detractores. Un NPS alto indica que los consumidores están satisfechos y que el producto cumple con sus expectativas en relación con los trabajos que intentan realizar. Un seguimiento regular del NPS permite a las organizaciones identificar tendencias a lo largo del tiempo y reaccionar a posibles caídas en la lealtad del cliente.

## Satisfacción del cliente (CSAT)

Esta métrica permite a las empresas medir la satisfacción general de los clientes con respecto a un producto o servicio específico. A través de encuestas, se puede preguntar a los clientes: «¿Cómo de satisfecho estás con este producto?» en una escala del 1 al 5, donde 1 es muy insatisfecho y 5 es muy satisfecho. Una puntuación CSAT alta es un indicativo de que el producto está cumpliendo con el trabajo que el cliente intenta realizar. Esta métrica es especialmente útil para evaluar la satisfacción después de lanzamientos de nuevos productos o actualizaciones.

## Tasa de retención de clientes

La capacidad de una empresa para retener a sus clientes a lo largo del tiempo es un indicador crítico de éxito. La tasa de retención se calcula dividiendo el número de clientes que permanecen con la empresa durante un periodo determinado por el número total de clientes al inicio de ese periodo. Una tasa de retención alta sugiere que los clientes están satisfechos con el producto y que este está cumpliendo con sus trabajos de manera efectiva. Las empresas deben buscar constantemente formas de mejorar su tasa de retención, ya que es menos costoso mantener a un cliente existente que adquirir uno nuevo.

## Tasa de conversión

Evaluar cuántos usuarios potenciales se convierten en clientes después de interactuar con un producto es un buen indicador de cómo el producto satisface las necesidades del cliente. Por ejemplo, si una aplicación de pódcast tiene un alto número de descargas de su versión gratuita, pero una baja tasa de conversión a suscripción de pago, puede indicar que los usuarios no están encontrando suficiente valor en el producto para justificar la compra. Analizar el proceso de conversión puede ayudar a la empresa a identificar áreas de mejora en la propuesta de valor.

## Tiempo para completar el trabajo

Una métrica que puede ser especialmente útil en el contexto de JTBD es el tiempo que lleva a los clientes completar el trabajo que intentan realizar con el producto. Por ejemplo, en el caso de un *ecommerce* de compra de viajes de tren, se puede medir cuánto tiempo lleva a los usuarios encontrar su mejor opción y asignar tareas. Si este tiempo es significativamente mayor de lo esperado, puede ser un indicativo de que la solución necesita ajustes para facilitar la realización del trabajo.

## Tasa de uso de características clave

Esta métrica permite a las organizaciones comprender qué características del producto están siendo utilizadas y cuáles no. Si se ha identificado un trabajo específico que los clientes intentan realizar, pero la característica diseñada para facilitar ese trabajo tiene una baja tasa de uso, puede ser una señal de que los usuarios no entienden cómo utilizarla correctamente o que la función no es lo que realmente necesitan. Analizar esta métrica puede guiar las decisiones sobre qué características necesitan ser mejoradas o quizás eliminadas.

Tras analizar cada uno de estos seis indicadores de medición, veamos un resumen en la Tabla 10.1.

Sin duda, medir el éxito en la implementación de Jobs to Be Done es un proceso integral que va más allá de la simple evaluación del rendimiento del producto. Debemos insistir en que el núcleo estratégico se focaliza en la satisfacción del cliente. Las organizaciones deben desarrollar un enfoque más holístico que permita mejorar sus productos paralelamente a diseñar y alcanzar relaciones sólidas con sus clientes.

Tabla 10.1. Indicadores de éxito para medir la implantación de la metodología JTBD

| MÉTRICA | ¿QUÉ MIDE? | ¿QUÉ INDICA UN VALOR ALTO? |
|---|---|---|
| NPS (Net Promoter Score) | Lealtad del cliente y disposición a recomendar | El producto cumple con el trabajo y genera entusiasmo |
| CSAT (Customer Satisfaction) | Satisfacción puntual con el producto/servicio | El producto satisface el trabajo específico tras su uso |
| Retención de clientes | Permanencia de clientes en el tiempo | La solución sigue siendo útil para el trabajo del cliente |
| Conversión | Porcentaje de usuarios que se convierten en clientes | La propuesta de valor es clara y resuelve bien el trabajo esperado |
| Tiempo para completar el trabajo | Tiempo que tarda el cliente en lograr su objetivo | La solución es eficiente y bien diseñada |
| Uso de funciones clave | Frecuencia de uso de características relacionadas con JTBD | Las funciones están alineadas con los trabajos reales del cliente |

La clave está en establecer métricas claras, recopilar retroalimentación continua y estar dispuestos a adaptarse y evolucionar a medida que cambian las necesidades del mercado. Este compromiso con el aprendizaje y la mejora continua es lo que permitirá a las empresas mantenerse competitivas y relevantes en un contexto en pleno e impredecible cambio.

## Referencias bibliográficas

KIHLSTROM, G. (2024). *Meaningful Measurement of the Customer Experience*. Independently published.

MANN, A. (2024). *Metrics: Measuring Success in Agile Frameworks.* Dutta House.

PADMAPRIYA, D. (2024). *Agile Metrics: Measure that Matters.* Notion Press.

TURKAI, T. (2024). *Mastering Lean-Agile Metrics: and Driving Successful Transformation.* Independently published.

GOTHELF, J. & SEIDEN, J. (2024). *Who Does What By How Much?: A Practical Guide to Customer-Centric OKRs.* Sense & Respond Press.

## Dinámica de autocomprobación

Evalúa si las métricas que estás utilizando para medir el éxito realmente (o de manera simulada en cualquier otra marca que elijas) reflejan el cumplimiento de los trabajos que los clientes intentan realizar, siguiendo este esquema:

1. Selecciona una solución que hayas desarrollado o estés desarrollando (real o simulada). Puede ser un producto, servicio o proceso vinculado a JTBD.

2. Elige al menos 3 métricas clave que pudieras utilizar para medir su éxito.

   Ejemplos: NPS, CSAT, tasa de retención, tasa de conversión, tiempo para completar el trabajo, tasa de uso de funciones clave.

3. Reflexiona y responde:
   - ¿Cada métrica está realmente conectada con un trabajo que el cliente intenta realizar?
   - ¿Tienes un sistema para recoger estas métricas de forma continua?
   - ¿Qué harías si una de estas métricas baja drásticamente? ¿Qué decisiones tomarías?

4. Define una métrica de aprendizaje:

- ¿Qué nueva métrica podrías incorporar que refleje mejor la satisfacción del cliente o el éxito del trabajo completado?

  Ejemplo: «Tiempo de aprendizaje del usuario» para medir la facilidad de adopción de una nueva funcionalidad.

5. Establece una rutina de revisión:

   - ¿Con qué frecuencia vas a revisar tus métricas? (semanal, mensual, trimestral).

   - ¿Cómo comunicarás estos resultados al equipo? (reuniones, paneles de datos, informes).

Capítulo 11

# Impacto en la innovación de productos y servicios

Definiría el enfoque Jobs to Be Done (JTBD) como una metodología transformadora que afecta profundamente la forma en que las organizaciones innovan, tanto en productos como en servicios. Cualquier tipo de marca que busca diferenciarse para competir debería comprender los trabajos que los clientes intentan realizar, ya que así podrá diseñar soluciones reales que resuelvan problemas y satisfagan necesidades o deseos.

Se trata de redefinir el enfoque de innovación bajo la premisa de implantar una mentalidad que priorice los trabajos que los clientes intentan realizar. Este escenario implica un cambio de paradigma que permite a las empresas identificar oportunidades que van más allá de lo evidente. Como citaba Antoine de Saint-Exupéry en su icónica obra *El principito*, lo esencial es invisible a los ojos.

Identificar el trabajo a realizar implica profundizar en las motivaciones y contextos de los consumidores. Una vez identificado hay que poner el foco en la generación de soluciones que respondan a las necesidades o deseos. No estamos hablando de agregar características a un producto o servicio existente; la idea es innovar desde la raíz, buscando crear soluciones que los clientes realmente valoren.

Todo ello implica colaborar con los clientes a lo largo del proceso de desarrollo. Al incluir a los usuarios en las etapas de ideación, prototipado y pruebas, las empresas pueden asegurarse de que están en el camino correcto. Este proceso transforma el proceso de innovación. La participación activa del cliente mejora la calidad de las soluciones propuestas y fortalece su lealtad.

La iteración rápida es una práctica común en este contexto. Al implementar ciclos de *feedback* regulares, las organizaciones pueden ajustar y mejorar sus ofertas de manera continua, basándose en la retroalimentación directa de los usuarios. Esta capacidad de adaptación es fundamental en un contexto donde las expectativas de los consumidores son realmente exigentes.

El impacto de JTBD en la innovación traspasa los límites del desarrollo de productos y servicios, transformando la cultura interna de la organización. Como podemos comprobar, la palabra *transformación* es transversal al concepto. Fomentar una cultura de innovación conlleva crear un entorno donde se valore la curiosidad, la experimentación y la colaboración.

Esto puede lograrse a través de prácticas como talleres con equipo heterogéneos, interdepartamentales, donde los equipos de diferentes áreas se reúnen para discutir los trabajos que los clientes están intentando realizar. Al compartir perspectivas y conocimientos, se generan ideas más innovadoras y se mejora la alineación sobre objetivos comunes.

Además, como ya hemos citado en capítulos anteriores, las organizaciones deben estar dispuestas a aprender tanto de sus fracasos como de sus éxitos. La implementación de JTBD debe considerarse un viaje continuo, donde cada iteración y cada *feedback* son oportunidades para crecer. Ser consciente de aprovechar cada momento de la verdad marca la diferencia.

Un aspecto fundamental del impacto de JTBD en la innovación es la capacidad de las organizaciones para adaptarse a nuevos contextos y necesidades emergentes. Mantenerse alerta permite respuestas rápidas y flexibilidad para saber ajustar las estrategias.

Esto implica la necesidad de establecer sistemas de monitoreo y análisis que faciliten la identificación de cambios en las preferencias del cliente. Las empresas deben estar atentas a las señales del mercado y dispuestas a pivotar su enfoque cuando sea necesario. Por ejemplo, la pandemia de covid-19 provocó cambios significativos en las conductas de consumo, lo que llevó a muchas empresas a reevaluar sus ofertas y adaptarse a las nuevas realidades en tiempo récord.

Para ello, la integración de tecnologías digitales se ha convertido en un habilitador clave de adaptación, permitiendo recopilar y analizar datos de manera más eficiente, ágil y rápida. El objetivo es ser competitivo.

Finalmente, vamos a destacar como fundamental centrarse por completo en el cliente para desarrollar y potenciar la estrategia denominada *customer centric*. Para lograr establecer una cultura realmente centrada en el cliente, se requiere indudablemente de un claro modelo que defina de forma precisa y específica aquellos atributos significativos y distintivos para los clientes, así como la capacidad de demostrar esa cultura de servicio de forma constante y consistente a lo largo del tiempo y en cada interacción.

Para lograrlo, necesitamos describir con meticulosa atención a los detalles las principales formas de ejecución que concretan esa esencia que representa la personalidad única y distintiva de una marca. Esto podría manifestarse en una nueva forma de servicio a los clientes que sea innovadora y sorprendente, en la experiencia vivida en un ambiente determinado, en una innovación de producto o servicio que logre sorprender y deleitar, en un nuevo canal de comunicación que despierte y active la conversación directa con el cliente, o en una promoción atractiva y bien diseñada que capte la atención y mantenga el interés, entre otras acciones.

No debemos nunca olvidar la oferta en sí misma o toda la gestión integral y amplia que debería estar basada en cada una de las diferentes ocasiones de uso del producto o servicio por parte del cliente. Es absolutamente necesario tener en cuenta las diversas perspectivas y enfoques para asegurar una auténtica y duradera conexión con la experiencia del cliente en todos los puntos de contacto y en cada una de las interacciones que se generen. Este esfuerzo debe ser continuo y reflejar un compromiso compartido.

A través de la Figura 11.1, podemos observar de manera visual un recorrido secuencial del impacto transformador de la aplicación de la metodología JTBD:

Figura 11.1. Ruta del impacto de la aplicación de la metodología JTBD

## Referencias bibliográficas

McClure, D. & Wilde, J. (2024). *Do Bigger Things: A Practical Guide to Powerful Innovation in a Changing World.* Fast Company Press.

Gupta, A., George, G. & Fewer, T. (2024). *Venture Meets Mission: Aligning People, Purpose, and Profit to Innovate and Transform Society.* Stanford Business Books.

Tomczyk, M. (2024). *Neo-Innovation: Ideas, Insights, and Tools to Compete in a New Era.* Springer.

Ulwick, A. (2023). *Jobs to Be Done: Theory to Practice.* Independently published.

SHAH, M. (2023). *Innovation's Hidden Walls: Uncovering Limitations of Jobs to Be Done, Design Thinking, and the Diffusion of Innovation Model*. Independently published.

## Dinámica de autocomprobación

Evalúa si los procesos de innovación de tu organización (o de otra simulada) están realmente alineados con los principios de Jobs to Be Done y si están generando un impacto medible en productos, servicios y cultura. Para ello, sigue este esquema:

1. Identifica una innovación reciente. Puede ser un producto, servicio, funcionalidad o proceso que hayas desarrollado o mejorado (o una externa a ti) en los últimos 12 meses.

2. Relaciona con el trabajo a realizar.
   - ¿Qué JTBD está resolviendo realmente esta innovación?
   - ¿Este *job* fue identificado de manera directa con clientes o se asumió desde dentro del equipo?

3. Analiza la profundidad de la innovación.
   - ¿Has innovado simplemente en características superficiales o has rediseñado desde la raíz para mejorar la experiencia y facilitar el *job* del cliente?

4. Evalúa la conexión con el cliente.
   - ¿Se involucró a clientes reales en el proceso de ideación, prototipado o validación?
   - ¿Cuántos ciclos de *feedback* se realizaron antes de lanzar la innovación al mercado?

5. Mide el impacto con métricas clave.
   - ¿Qué indicadores estás utilizando para medir el éxito de esta innovación?

- Ejemplo: tasa de uso de la nueva funcionalidad, NPS, retención de clientes, velocidad de adopción, etc.

- ¿Los resultados hasta ahora validan que el *job* del cliente está siendo satisfecho de forma efectiva?

6. Reflexiona sobre la cultura de innovación.

- ¿La innovación se ha visto acompañada de un cambio cultural? ¿Se han producido mejoras en colaboración, experimentación y enfoque *customer centric* en los equipos?

# Capítulo 12

# Retos futuros en la aplicación de Jobs to Be Done

Al mirar hacia el futuro de la aplicación del enfoque Jobs to Be Done (JTBD), es importantísimo reconocer que, aunque este concepto ha revolucionado la manera en que las empresas entienden y responden a las necesidades de sus clientes, todavía hay varios retos por delante.

Estos desafíos se relacionan tanto con la implementación técnica del enfoque como con cuestiones culturales, organizativas y estratégicas que las empresas deben considerar para maximizar el potencial de JTBD. A continuación, a modo de resumen, vamos a destacar algunos puntos vitales que hemos ido describiendo a lo largo de los capítulos anteriores.

Uno de los principales retos que tienen por delante las organizaciones es la integración del enfoque JTBD en sus procesos existentes. Muchas empresas han operado históricamente bajo modelos tradicionales que priorizan la innovación tecnológica o el desarrollo de productos basados en características. Cambiar esta mentalidad puede ser complicado, ya que implica una transformación cultural significativa.

En este sentido, las organizaciones deben facilitar un entorno donde todos los empleados, desde la alta dirección hasta el personal de atención al cliente, comprendan y adopten el enfoque de JTBD. Esto requiere capacitación, comunicación efectiva y la creación de incentivos que alineen los objetivos individuales con los trabajos que los clientes intentan realizar.

Otro desafío significativo es la correcta interpretación y aplicación del concepto de «trabajos». A menudo, las empresas pueden caer en la trampa de simplificar los trabajos a realizar, enfocándose únicamente en los aspectos funcionales y descuidando las dimensiones emocionales y sociales que también son fundamentales. No todos los trabajos son iguales. Algunos pueden tener un impacto emocional profundo, mientras que otros pueden ser puramente funcionales. Las organizaciones deben estar preparadas para abordar esta complejidad y entender que la satisfacción del cliente no se logra solo a través de la solución de problemas técnicos. Sin duda, también implica crear una experiencia positiva y significativa.

La evolución de las necesidades del cliente también representa un reto importante. A medida que el mercado cambia y las tecnologías avanzan, los trabajos que los consumidores buscan realizar también evolucionan, se vuelven más complejos y, en ocasiones, son difícilmente predecibles.

Esto implica que las empresas deben estar constantemente en contacto con sus clientes y dispuestas a adaptar sus soluciones en consecuencia. La falta de una monitorización adecuada y constante puede llevar a quedarse atrás y que otros competidores sepan aprovechar esta gran oportunidad, pudiendo adelantarse con soluciones relevantes y efectivas en el momento preciso.

Por tanto, establecer un sistema de retroalimentación continua es clave para que las organizaciones puedan ajustar su enfoque y seguir satisfaciendo las necesidades o deseos cambiantes de sus clientes.

La digitalización y el uso de datos también presentan desafíos en la aplicación de JTBD. Las organizaciones tienen acceso a una cantidad masiva de datos sobre el comportamiento del cliente, pero la interpretación de estos datos puede ser complicada. La información debe ser analizada de manera efectiva para extraer *insights* válidos que guíen el desarrollo de productos y servicios.

Además, es fundamental que las empresas utilicen herramientas adecuadas para recopilar y analizar datos sobre los trabajos de los clientes. Sin un análisis riguroso, existe el riesgo de basar decisiones en suposiciones incorrectas y de perder oportunidades para innovar.

También es importante recordar que el enfoque JTBD no es una pócima mágica. Hay situaciones en las que puede ser más efectivo utilizar otros marcos o metodologías. Por ejemplo, en entornos altamente regulados o donde las necesidades de los clientes están claramente definidas, un enfoque más tradicional podría ser apropiado. Las empresas deben ser flexibles y estar dispuestas a combinar JTBD con otras metodologías para obtener una visión más completa del mercado y de sus clientes.

El futuro de Jobs to Be Done también implica una mayor colaboración entre las organizaciones y sus clientes. A medida que las expectativas de los consumidores se vuelven más sofisticadas, las empresas deben adoptar un enfoque de cocreación. Involucrar a los clientes en el proceso de desarrollo de productos crea una mayor lealtad y permite a las organizaciones obtener *insights* valiosos que de otro modo podrían pasar desapercibidos. Esta colaboración puede derivar en diversas formas, desde grupos focales hasta plataformas de retroalimentación en línea, donde los clientes pueden compartir sus experiencias y sugerencias.

Finalmente, otro reto en la aplicación de JTBD es la necesidad de una mentalidad de aprendizaje. Las empresas deben estar preparadas para experimentar, fallar y aprender de esos fracasos. Este *mindset* requiere un cambio en la cultura organizacional, donde se valore el aprendizaje continuo y la adaptación frente a la rigidez y el miedo al fracaso. La innovación y la mejora de productos deben ser vistas como un proceso iterativo, donde cada error es una oportunidad para crecer y perfeccionar la oferta.

Veamos en la Tabla 12.1 un esquema resumen de retos futuros de la aplicación de la metodología JTBD:

Tabla 12.1. Retos futuros de la aplicación de la metodología JTBD

| Reto | Idea clave |
|---|---|
| Integración en procesos existentes | Superar modelos basados en producto o tecnología |
| Transformación cultural interna | Capacitar, comunicar y alinear a todos los niveles de la organización |
| Interpretación profunda del «trabajo» | No reducirlo a lo funcional: atender lo emocional y lo social |
| Evolución de necesidades del cliente | Monitorización constante para adaptarse al cambio |
| Análisis de datos con sentido | Convertir datos en *insights* reales sobre trabajos a realizar |
| Adaptación metodológica flexible | Combinar JTBD con otros enfoques cuando sea necesario |
| Cocreación con los clientes | Integración en el diseño para generar lealtad y perspectivas de valor |
| Mentalidad de aprendizaje continuo | Adoptar el error como parte del proceso de mejora e innovación |

# Referencias bibliográficas

SIMMONS, W. & DeWITT, T. (2024). *The Customer Excellence Enterprise: A Playbook for Creating Customers for Life.* Wiley.

GIBSON, G. & GENDREN, C. (2024). *Revolutionizing Customer Experience: Top Strategies from CX Experts.* Think Forward.

BEAN, J. & RAVEENDRAN, V. (2024). *Next Generation Customer Experience: How Companies Like ServiceNow, Netflix and Intuit are Creating Next-Generation CX Now.* Del Mar Research.

KRASNIC, T. (2024). *Customer Experience Wheel: 1-Page Plan to Navigating Your CX Transformation Journey.* Independently published.

WILLIAMS, A. & STUBBERRFIELD, D. (2024). *Supercharging the Customer Experience: How organizational alignment drives performance.* LID Publishing.

## Dinámica de autocomprobación

Realiza esta *checklist* para comprobar si tu organización (u otra simulada) está preparada para afrontar los principales retos futuros en la aplicación de la metodología Jobs to Be Done, en especial desde un enfoque *customer centric*. Para ello, sigue esta autoevaluación práctica:

1. Integración organizativa

   - ¿Está JTBD integrado de manera transversal en los procesos y metodologías de la organización, o se limita a proyectos aislados?

   - ¿El equipo directivo impulsa activamente la mentalidad JTBD?

2. Transformación cultural

   - ¿Existe formación continua sobre JTBD, *customer centricity* y experiencia de cliente en todos los niveles de la organización?

   - ¿Se fomenta la colaboración entre departamentos basada en trabajos a realizar por el cliente?

3. Interpretación completa de los trabajos

   - ¿Estamos atendiendo tanto las necesidades funcionales como las emocionales y sociales de nuestros clientes?

   - ¿Disponemos de procesos para detectar trabajos latentes (aún no expresados por los clientes)?

4. Evolución constante

   - ¿Tenemos un sistema ágil y estructurado para revisar periódicamente los trabajos que nuestros clientes intentan realizar?

   - ¿Realizamos ajustes proactivos en productos y servicios cuando detectamos cambios en las necesidades del cliente?

5. Análisis de datos con sentido

- ¿Contamos con herramientas que nos permiten transformar datos en *insights* procesables centrados en el cliente?
- ¿Evaluamos el impacto de nuestras soluciones a través de métricas como NPS, tasa de retención o uso de características clave?

6. Adaptación metodológica

- ¿Estamos combinando JTBD con otras metodologías ágiles o centradas en la experiencia del cliente cuando es necesario?
- ¿Sabemos cuándo JTBD no es el enfoque más adecuado y cuándo integrar otros marcos de trabajo?

7. Cocreación con clientes

- ¿Estamos involucrando activamente a nuestros clientes en las fases de diseño, prototipado y pruebas?
- ¿Tenemos plataformas abiertas para escuchar sugerencias y cocrear soluciones con ellos?

8. Mentalidad de aprendizaje continuo

- ¿Celebramos los aprendizajes, incluso cuando vienen de errores o fallos?
- ¿Tenemos espacios recurrentes para reflexionar y optimizar procesos con base en la experiencia?

# Capítulo 13

# Conclusiones y recomendaciones sobre la efectividad de la metodología Jobs to Be Done

Durante todo el contenido de los capítulos anteriores hemos intentado demostrar de forma contundente y persuasiva la utilidad innegable que presenta la metodología Jobs to Be Done para profundizar en el entendimiento del consumidor, así como para diseñar soluciones realmente innovadoras que aseguren el éxito deseado en el contexto competitivo actual.

La decisión final de optar por esta metodología debe estar apoyada en juicios críticos, personales y reflexivos que consideren todos los aspectos relevantes en el análisis de la efectividad y el impacto positivo a largo plazo de estas decisiones estratégicas. Para ello, hemos recogido y expuesto las características específicas de la metodología y reflexiones teóricas que pueden contribuir en la toma de decisiones a futuro sobre cómo aplicar esta metodología de manera efectiva.

Sin embargo, es fundamental tener en cuenta la importancia de reevaluar periódicamente las decisiones estratégicas de una compañía a la luz de resultados reales y expectativas comprobadas a lo largo del tiempo para asegurar un rumbo responsable y con criterio. Es muy probable que, a corto plazo, el coste de la inversión en una nueva metodología pueda parecer excesivamente alto y de difícil justificación, especialmente cuando la organización parece estar dirigiendo todos sus esfuerzos hacia una nueva dirección.

No obstante, es posible que esta metodología sea la única vía realmente válida y efectiva para lograr una mejora tangible y sustancial a través de un cambio real y exitoso hacia el futuro, con la capacidad única de ofrecer resultados adecuados a las demandas actuales de los consumidores. Puede que, en este momento, esta metodología no sea bien recibida por ciertas personas o sectores, pero es altamente probable que la tendencia general sea que cada vez sea más creíble, aceptada y utilizada como una alternativa sólida para comprender y servir al consumidor de manera efectiva. Todo ello contribuirá a construir la tan deseada lealtad del cliente, a la sostenibilidad y al crecimiento de las empresas en un mercado que demanda innovación constante y comprensión profunda del comportamiento del consumidor.

En cuanto a las recomendaciones, podemos destacar tres aspectos fundamentales para el éxito de una empresa en relación con la aplicación de la metodología JTBD:

- Primero, se debe mantener un enfoque claro y decidido en una propuesta que realmente genere un valor significativo para los consumidores. Este enfoque debe ser evidente en la misión y visión de la empresa, con acciones concretas que se traduzcan en cada una de las interacciones que los clientes tienen con la marca.

- Segundo, debe haber una absoluta precisión a la hora de definir el problema que tiene por delante el cliente, asegurando que la empresa comprenda a fondo sus necesidades o deseos. Este entendimiento profundo requiere investigación y análisis sin tregua, así como la incorporación de *feedback* recibido a través de diversas plataformas y puntos de contacto.

- Tercero, es necesario rediseñar y mejorar la experiencia que se le ofrece al cliente, de modo que esta sea verdaderamente memorable y cumpla con sus expectativas de manera contundente y generalizada. Esto incluye generar emociones positivas en los consumidores, asegurando que cada punto de contacto con la marca sea optimizado para maximizar la satisfacción del cliente y fomentar su lealtad.

Figura 13.1. Síntesis clave de la aplicación de la metodología JTBD

Una de las características más destacadas de las empresas que han logrado alcanzar y mantener el éxito a lo largo del tiempo es, sin duda, su capacidad para ofrecer un valor significativo a partir de la experiencia y los costes que sus usuarios se encuentran a diario en la interacción con los productos o servicios ofrecidos. Esto significa que estas organizaciones van más allá del atributo de calidad con características adicionales, servicios al cliente excepcionales o incluso cambios proactivos según las tendencias del mercado.

Una comprensión eficiente y efectiva del enfoque en el cliente es lo que permite descubrir nuevas oportunidades para un cambio radical que facilite el crecimiento sostenido en un contexto sometido a una plena transformación.

## Referencias bibliográficas

Calbucci, M. (2025). *The PRFAQ Framework: Adapting Amazon's Innovation Framework to Work for You.* Independently published.

Cook, B. (2024). *Challenges to Public Value Creation: Authority, Process, and Complexity.* Palgrave Macmillan.

MORRISON, R. & ANDREW, J. (2024). *Strategic Value Creation: Design and Execute a Strategy for Breakthrough Returns.* Kogan Page.

PHILLIPS, S., BARRY, R., GANS, S. & SCHARDT, K. (2024). *The Consumer Insights Revolution: Transforming market research for competitive advantage.* Rethink Press.

VIERULA, M. (2024). *Find Your Market-Oriented Competitive Advantage: A Toolkit for Strategy and Branding.* Springer.

## Dinámica de autocomprobación

Reflexiona de forma rápida y directa si la organización (propia o simulada) está generando una propuesta de valor real y construyendo una ventaja competitiva sostenible. Para ello, responde a estas preguntas, justificando el porqué de manera sintética y directa (cuanto más lo sea, más claro y definido será el enfoque de ambas variables):

1. **Propuesta de valor clara y diferencial.** ¿La organización ofrece algo que el cliente percibe como realmente valioso y diferente a lo que ya existe en el mercado?

2. **Soluciones difíciles de imitar.** Lo que hace la organización (producto, servicio o experiencia) ¿es difícil de copiar por parte de los competidores?

3. **Generación de ventaja competitiva sostenible.** ¿Está la organización creando valor de manera que le permita mantenerse por delante de la competencia a lo largo del tiempo?

4. **Alineación con las necesidades reales del cliente.** ¿Está la propuesta de valor alineada con los trabajos que el cliente realmente intenta realizar?

# Glosario de términos

**Adaptación a nuevos contextos**: Capacidad de las organizaciones para ajustarse a cambios en las preferencias del cliente.

**Alineación entre departamentos**: Coordinación entre diferentes áreas de la organización para garantizar que las soluciones cumplan con los trabajos a realizar.

**Análisis de datos**: Metodología complementaria que utiliza datos cuantitativos para comprender mejor las necesidades de los clientes.

**Análisis de respuestas**: Proceso de identificar patrones y temas recurrentes en las respuestas de los clientes para obtener *insights* valiosos.

**Análisis de tasa de conversión**: Evaluación de cuántos usuarios potenciales se convierten en clientes después de interactuar con un producto.

**Arquetipos de usuarios**: Representaciones de diferentes segmentos de mercado que capturan la variedad de experiencias y perspectivas de los clientes.

*Business to business* (**B2B**): Interacciones comerciales entre empresas.

**Cambio de paradigma**: Transformación en la manera de abordar la innovación, priorizando los trabajos que los clientes intentan realizar.

**Cambio radical**: Transformación significativa que facilita el crecimiento sostenido en un contexto de cambio.

**Capacitación y comunicación efectiva**: Proceso de educar a los empleados y establecer canales claros para adoptar JTBD.

**Características del producto**: Aspectos específicos de un producto que pueden ser mejorados para satisfacer las necesidades del cliente.

**Ciclos de *feedback***: Revisión regular de las soluciones desarrolladas para evaluar su efectividad y realizar ajustes.

**Clasificación de trabajos**: Agrupación de trabajos en categorías basadas en criterios como carácter funcional, emocional y social.

**Cocreación**: Colaboración entre las organizaciones y sus clientes en el desarrollo de productos.

**Colaboración entre departamentos**: Trabajo conjunto de diferentes áreas de una organización para resolver las necesidades del cliente.

**Comunicación abierta**: Establecimiento de canales claros y transparentes para el intercambio de ideas y la identificación de problemas.

**Contexto de uso**: Entorno y circunstancias en las que los consumidores utilizan un producto o servicio.

**Cultura de colaboración**: Ambiente de trabajo donde diferentes disciplinas colaboran para identificar y satisfacer las necesidades del cliente.

**Cultura de innovación**: Entorno donde se valora la curiosidad, la experimentación y la colaboración.

**Cultura organizacional**: Conjunto de valores y prácticas compartidas dentro de una empresa.

**Cultura proactiva**: Ambiente de trabajo donde los individuos buscan continuamente formas de mejorar las soluciones ofrecidas.

**Curiosidad**: Motivación que impulsa a los consumidores a explorar y descubrir nuevas soluciones.

**Customer centric:** Estrategia centrada en el cliente que define atributos significativos y distintivos para los clientes.

**Decisiones de compra:** Procesos mediante los cuales los consumidores eligen productos o servicios para satisfacer sus necesidades.

**Dimensión emocional:** Aspectos emocionales que influyen en la percepción y uso de un producto o servicio.

**Dimensión funcional:** Aspectos prácticos y de uso de un producto o servicio que permiten a los consumidores realizar tareas específicas y satisfacer necesidades concretas. Esta dimensión se centra en las características técnicas y el rendimiento del producto, asegurando que cumpla con su propósito de manera eficiente y efectiva.

**Dimensión social:** Aspectos de un producto o servicio que afectan la interacción y percepción social de los consumidores. Esta dimensión se centra en cómo el uso de un producto o servicio influye en la relación del consumidor con su entorno social, incluyendo la aceptación, el estatus y la conexión con otros.

**Eficiencia operativa:** Capacidad de una organización para utilizar sus recursos de manera óptima y efectiva, minimizando desperdicios y maximizando resultados.

**Empatía con el cliente:** Capacidad de una organización para entender y compartir los sentimientos de sus clientes, fundamental para una verdadera orientación al cliente.

**Empoderamiento del equipo:** Capacitar a los miembros del equipo para tomar decisiones y asumir la responsabilidad de sus trabajos.

**Enfoque centrado en soluciones:** Estrategia de negocio que prioriza el desarrollo de productos y servicios que realmente resuelvan los problemas de los consumidores.

**Enfoque holístico:** Estrategia que permite mejorar productos y diseñar relaciones sólidas con los clientes.

**Entrevistas cualitativas:** Método de investigación que utiliza preguntas abiertas para obtener información detallada sobre las experiencias y motivaciones de los consumidores.

**Evaluación continua:** Proceso de medir el impacto de productos y servicios en los consumidores y realizar ajustes informados.

**Expectativas del cliente**: Lo que los consumidores esperan obtener de un producto o servicio.

**Experiencia de usuario (UX)**: Conjunto de percepciones y respuestas que un usuario tiene al interactuar con un producto o servicio, que puede influir en su satisfacción y lealtad.

*Feedback*: Retroalimentación o comentarios de los consumidores sobre un producto o servicio.

**Flexibilidad metodológica**: Disposición a combinar JTBD con otros marcos o metodologías según el contexto.

*Focus group*: Reuniones de clientes para obtener *insights* valiosos sobre sus experiencias y sugerencias.

**Frustración del usuario**: Sentimiento negativo que surge cuando un producto no cumple con las expectativas del cliente.

**Gestión integral**: Enfoque basado en las diferentes ocasiones de uso del producto o servicio por parte del cliente.

**Guía de entrevista**: Conjunto de preguntas diseñadas para guiar la conversación durante una entrevista cualitativa.

**Innovación continua**: Mentalidad de mejora constante y adaptación basada en el *feedback* del cliente.

**Innovación tecnológica**: Desarrollo de nuevas tecnologías para crear productos y servicios.

*Insights*: Información valiosa obtenida de la observación de la experiencia del usuario.

**Integración de plataformas**: Capacidad de un *software* para funcionar conjuntamente con otras herramientas.

**Investigación profunda**: Proceso de obtener información detallada sobre las motivaciones y necesidades de los consumidores.

**Iteración basada en *feedback***: Proceso de ajustar soluciones en función del *feedback* obtenido durante las pruebas de usuario.

**Jobs to Be Done (JTBD)**: Enfoque que analiza las verdaderas motivaciones detrás de las decisiones de compra de los consumidores, centrándose en los trabajos o necesidades específicas que buscan satisfacer.

**Lealtad del cliente**: Compromiso y fidelidad de los consumidores hacia una marca.

**Mapa de empatía**: Herramienta visual que ayuda a comprender mejor a los clientes al analizar lo que dicen, hacen, piensan y sienten.

**Mapa Jobs to Be Done (JTBD)**: Representación visual que ayuda a identificar y categorizar los trabajos que los clientes intentan realizar.

**Metodologías ágiles**: Enfoques iterativos e incrementales para el desarrollo de productos, como Scrum o Kanban.

**Métricas**: Indicadores utilizados para medir el éxito de productos y servicios.

**Narrativa de datos**: Diseño de una representación visual clara y comprensible de las actividades de los consumidores.

**Necesidades latentes**: Necesidades que los clientes aún no han expresado o identificado.

**Net Promoter Score (NPS)**: Métrica que mide la lealtad del cliente y su disposición a recomendar un producto o servicio.

**Objetivos de negocio**: Metas que una empresa busca alcanzar para mejorar su desempeño.

**Oportunidades de mercado**: Nuevas necesidades no satisfechas que pueden convertirse en productos o servicios.

**Optimización del rendimiento**: Proceso de mejorar la eficiencia y efectividad de las operaciones de una empresa.

**Personalización**: Adaptación de productos y servicios a las necesidades específicas de los consumidores.

**Problema**: Situación que genera insatisfacción o frustración en el cliente debido a fallos en un producto o servicio.

**Problema transitorio**: Obstáculo temporal que puede surgir en el uso de un producto o servicio.

**Proceso colaborativo**: Enfoque que involucra activamente a los clientes en el descubrimiento y diseño de soluciones.

**Propuesta de valor**: Conjunto de beneficios y características únicas que una empresa ofrece a sus clientes para satisfacer sus necesidades y resolver sus problemas. La propuesta de valor destaca lo que hace que un producto o servicio sea atractivo y diferente de la competencia, y comunica claramente el valor que los clientes recibirán al elegir esa oferta.

**Prototipado**: Creación de modelos preliminares de un producto para explorar ideas y obtener *feedback* antes de su desarrollo completo.

**Prototipos de baja fidelidad**: Modelos simples, como bocetos o *wireframes*, utilizados para explorar ideas sin una gran inversión de tiempo y recursos.

**Pruebas de usabilidad**: Evaluaciones realizadas para asegurar que un producto es fácil de usar y cumple con las expectativas del cliente.

**Reevaluación periódica**: Proceso de revisar y ajustar las decisiones estratégicas basadas en resultados reales y expectativas comprobadas.

**Reputación de la marca**: Percepción pública de la calidad y confiabilidad de una marca.

**Retorno de la inversión (ROI)**: Medida del beneficio obtenido en relación con la inversión realizada.

**Retroalimentación continua**: Proceso de recopilar y analizar *feedback* de los clientes de manera regular.

**Satisfacción del cliente (CSAT)**: Métrica que evalúa la satisfacción general de los clientes con respecto a un producto o servicio.

**Segmentación de la información**: Organización de datos en segmentos que reflejen diferentes grupos de clientes.

**Segmentación de necesidades**: Clasificación de las necesidades en categorías como básicas, emocionales y funcionales.

**Segmentación del mercado**: División del mercado en grupos de consumidores con necesidades similares.

**Sincronización entre departamentos**: Coordinación entre diferentes áreas de la organización para garantizar una comunicación efectiva y soluciones alineadas.

**Sinergia del equipo**: Colaboración efectiva entre los miembros del equipo para generar ideas innovadoras y soluciones robustas.

**Sistemas de retroalimentación continua**: Herramientas y procesos para recopilar y analizar *feedback* de los clientes de manera regular.

**Sistemas de monitoreo y análisis**: Herramientas para identificar cambios en las preferencias del cliente y ajustar estrategias.

**Sostenibilidad**: Capacidad de una empresa para mantener su crecimiento y éxito a largo plazo.

*Sprints*: Categorías de trabajos que ayudan a priorizar las necesidades y a identificar áreas de mejora.

*Target* (**público objetivo**): Grupo de consumidores al que una empresa dirige sus productos o servicios.

**Tarjeta de aprendizaje**: Documento que cuestiona la hipótesis inicial, matiza el aprendizaje obtenido y decide cambios para mejorar la idea original.

**Tarjeta de pruebas**: Documento que define la hipótesis inicial, las métricas y los criterios estratégicos para las pruebas de usuario.

**Tasa de retención de clientes**: Indicador de la capacidad de una empresa para mantener a sus clientes a lo largo del tiempo.

**Tasa de uso de características clave**: Métrica que permite comprender qué características del producto están siendo utilizadas y cuáles no.

**Toma de decisiones informadas**: Proceso de hacer elecciones basadas en datos y análisis precisos.

**Trabajo a realizar**: Tarea específica que el cliente intenta completar al utilizar un producto o servicio, ya sea funcional o emocional.

**Transformación cultural**: Cambio significativo en la mentalidad y prácticas de una organización para adoptar el enfoque JTBD.

**Valor significativo**: Capacidad de una empresa para ofrecer experiencias y productos que realmente importen a los consumidores.

**Ventaja competitiva**: Diferenciador clave que hace que una marca sea más atractiva para los consumidores.

**Visión holística**: Comprensión completa de las necesidades del cliente desde diferentes perspectivas dentro de la organización.